hugo

in 3 MONTHS

PORTUGUESE

Maria Fernanda Allen

A DORLING KINDERSLEY BOOK

LONDON, NEW YORK, MUNICH,
MELBOURNE, AND DELHI

This edition first published in Great Britain
in 2003 by Dorling Kindersley Limited,
80 Strand, London WC2R 0RL

First published in Great Britain by
Hugo's Language Books Limited

A CIP catalogue record is available from the British Library.
ISBN 1 40530 104 X

Hugo Portuguese in Three Months is also
available in a pack with three CDs, ISBN 0 75136 994 2

Written by
Maria Fernanda Allen
Lecturer in Portuguese at the University of Westminster
(Post-Graduate Dept. and other courses) and a
Fellow of the Institute of Linguists

Printed and bound in China by Leo Paper Product LTD

see our complete catalogue at
www.dk.com

Preface

This new edition of *Hugo Portuguese in Three Months* has been written for us by Maria Fernanda Allen, whose experience in teaching her native tongue ranges from beginners to post-graduate level. She has drawn on this expertise to produce a simple yet complete course for students aiming to acquire a good working knowledge of the language in a short time and who will probably be studying alone at home.

The book begins with an explanation of Portuguese pronunciation as far as this is possible in print. Using the book together with the CDs prepared to accompany the course will enable you swiftly to pick up the distinctive sounds of the Portuguese language. If you do not have the CDs, referring to our system of 'imitated pronunciation' will also help you learn to pronounce Portuguese accurately and understand it when spoken.

It has always been a principle of the Hugo method to teach only what is really essential. We assume that the student wants to learn Portuguese from a practical angle; the book contains those rules of grammar that will be of most use in this respect. Constructions are clearly explained, and the order in which everything is presented takes into consideration the need for rapid progress. As well as exercises and conversation drills, you will be introduced to the use of idiom and colloquialisms, which are so necessary for a thorough grasp of conversational Portuguese. Further help with reading and comprehension, in the form of extracts from modern authors and letter-writing styles, plus a selection of useful sentences and words arranged in phrasebook fashion and designed to widen your vocabulary, round off the course. An appendix lists verb formations and irregularities.

Ideally you should spend about an hour a day on your work, although there is no hard and fast rule on this. Do as much as you feel capable of doing; if you have no special aptitude for language-learning, there is no point in forcing yourself beyond your capacity to assimilate new material. It is much better to learn a little at a time, and to learn thoroughly.

Each week, first read each numbered section carefully, trying to ensure that you have fully understood the point or points being made. Listen to the appropriate section of the CD, where you will hear most of the examples and vocabulary pronounced. Then translate the following exercise(s) by writing down the answers. Check these by referring to the key at the back of the book; if you have made too many mistakes, go back over the section before attempting the same questions again. The conversational exercises should be read aloud, imitating the voices on the CD, and their constructions carefully noted. At the end of most weeks, you'll find a practice section which gives you more vocabulary and exercises.

When you think you have completed a section satisfactorily (alternatively, just before your daily study period is over), go back over what you have recently done, to ensure that it is firmly committed to memory. When the course is completed, you should have a very good understanding of the language – more than sufficient for general holiday or business purposes, and enough to lead quickly into an examination syllabus if this is your eventual aim.

Contents

Pronunciation

STRESS

Before starting to learn the sounds of Portuguese vowels and consonants, it is essential to learn a few rules about stress. Words are made up of syllables – groups of two or three letters, which must include a vowel. In both English and Portuguese, some of these syllables are stressed and some unstressed. In English the stress is variable. For example, in the word 'England', the first syllable is stressed, 'ENG-land'; by contrast, in the word 'giraffe', the stress falls on the second syllable: 'gir-AFFE'. In Portuguese, the position of the stress follows fixed rules.

A Portuguese word is normally stressed on the last but one syllable. For example, **marmelada**, which has four syllables (**mar-me-la-da**), is stressed on the penultimate (**la**). The exceptions to this rule are:

- if the word has an accent mark elsewhere, in which case the accented syllable is stressed;
- if the word ends in an **l**, **r**, **z**, or **i**, in which case the last syllable is stressed;
- if the word ends in a diphthong or nasal vowel (see pages 11–12), in which case also the last syllable is stressed.

As in English, the sound of letters may vary depending on whether they are stressed. So in **marmelada**, the stressed **a** is pronounced [ah], while the unstressed **a**'s are pronounced [er].

Accent marks you will see in Portuguese are: the acute (′), the grave (`), the tilde (~), and the circumflex (^).

CDS AND IMITATED PRONUNCIATION

Naturally, the best way to acquire perfect pronunciation in Portuguese is to practise with the CDs which are available to accompany this course. Nonetheless, the following notes on vowels and consonants should help you to master the most elusive as well as the most obvious Portuguese sounds.

As an another aid to learning, you will find 'imitated pronunciations' in the book, which use a system devised for Hugo's language courses. When reading the imitated pronunciation, avoid pauses between the syllables. Pronounce the syllables as if they formed part of an English word, emphasising the one printed with a stress mark (') before it. Italicised letters are not sounded.

The Portuguese have an irrepressible tendency to link the sound of a terminal vowel with the beginning of the next word; this liaison results in **ele era** sounding like el-'leh-r*e*, or **nove horas** ('noh've and 'oh-rersh) becoming noh-'voh-rersh.

THE PORTUGUESE ALPHABET

A	(ah)	**N**	(enn)
B	(bay)	**O**	(oh)
C	(say)	**P**	(pay)
D	(day)	**Q**	(kay)
E	(eh)	**R**	(err)
F	(eff)	**S**	(ess)
G	(zhay*)	**T**	(tay)
H	('er-gah)	**U**	(oo)
I	(ee)	**V**	(vay)
J	(zhoh-ter*)	**X**	(sheesh)
L	(ell)	**Z**	(zay)
M	(emm)		

The letters K ['kah-per], W ['doo-ble vay], and Y [ee-'gray-goo] are not in use today, except when they refer to foreign names.

*The letters zh in the imitated pronunciation represent the sound of the s in the English word 'measure'.

VOWELS

a   This is open (as in 'father') in a stressed syllable, before **l** or final **r** , and when it has an acute or grave accent. Otherwise it is mute, like the u in 'but'.
For example:
camada [ke*r*-'mah-de*r*] layer
falar [fe*r*-'lahr] to speak
animal [e*r*-nee-'mahl] animal
chá [shah] tea

It becomes nasal when under a tilde mark (**ã**); the italic n we use to indicate this sound should not be pronounced as a proper n, but more like the end of 'lung' without making much of the g.
For example:
irmã ['eer-ma*n*] sister

When the **a** is under a circumflex the sound is unchanged, but this syllable will be stressed instead of the usual last-but-one syllable.
For example:
alfândega [al-'fan-de-ge*r*] customs

e   Has an open sound (as in 'vet') in a stressed syllable, before **l** and under grave or acute accents. Unstressed, it is almost silent. In Brazil, however, the unstressed **e** is pronounced like the double e in 'see'.
For example:
metro ['meh-troo] metre, underground (railway)
café [ke*r*-'feh] coffee
mel [mehl] honey
secretária (se-kre-'tah-ree-e*r*) secretary

The 'close **e**', pronounced similarly to the first e in 'seance', occurs in some stressed syllables, under a circumflex accent and before a final **r**.
For example:
pelo ['pay-loo] of the, by the
comer [koo-'mayr] to eat
vê [vay] see

When an **e** is by itself or forms the first syllable on its own it is pronounced as the English e in 'see'. For example:
edifício [ee-dee-'fee-sy'oo] edifice, building

i   This is always pronounced 'ee', but when unstressed it should be given a shorter (close) sound.
For example:
parti [per-'tee] I left

o   In a stressed position, or if it has an acute accent or comes before **l**, the sound of **o** is open (similar to a in 'fall'). For example:
avó [er-'voh] grandmother
sol [sohl] sun
morte ['mohr'te] death

It has a close sound similar to o in 'mole' in some stressed syllables, before final **r**, and with the circumflex accent. This is the most used sound for **o** in Brazil. For example:
avô [er-'voh] grandfather
amor [er-'mor] love
folha ['fo-l'yer] leaf

It has the sound of 'oo' in unstressed syllables and when it is on its own. For example:
tomar [too-'mahr] to take
gato ['gah-too] cat

When it carries a tilde mark (**õ**) or precedes **n**, it has a nasal sound which we imitate in the same way as explained under **ã**. See also nasal vowels and diphthongs, below.

u   This is always pronounced 'oo':
rua [roo'er] street.

DIPHTHONGS: TWO VOWELS TOGETHER

These are single vowel sounds resulting from the combination of two vowels, or two vowels pronounced as one syllable. An example of a diphthong in English is 'meat'. In Portuguese there are various combinations, notably:

ai	=	i as in 'my'	**vai** ['vah-ee] go, goes
au	=	ah'oo	**mau** ['mah'oo] bad
ao	=	ah'oh	**ao** ['ah'oh] at the, to the
ei	=	a as in 'tame'	**falei** [fer-'lay-ee] I spoke
eu	=	ay'oo*	**meu** [may'oo] my
oi	=	oy'e*	**foi** [foy'e] went
ou	=	o	**falou** [fer-'lo] he, you spoke
ui	=	oo'e	**fui** [foo'e] I went

* As with the nasal diphthongs that follow, it is difficult to reproduce these sounds on paper as they have no simple equivalents in English.

Note: when there is an accent over one of two vowels appearing together, you should treat the two vowels separately, not as a diphthong: **seu** is a diphthong but **céu** ['say-oo] is not.

NASAL VOWELS AND DIPHTHONGS

Whenever the vowels **a**, **e**, **i**, **o**, and **u** precede **m** and **n**, or have a tilde accent (**õ**), they become nasal. If you have learned French, you should be familiar with the sound – for example, in 'monter' or 'environ'. If you make the sound through your nose, there ought not to be much likelihood of error.

The nasal diphthongs **ão**, **ãe**, **ãi**, and **õe** similarly need to be sounded through your nose.

encanto [en-'kahn-too] charm
jardim [zher-'deen] garden
ontem ['on-ten] yesterday
untar [oon-'tahr] to grease
não [nah'oon] no
limões [lee-'maw'insh] lemons

CONSONANTS

These are pronounced as in English, with these exceptions:

c   This sounds like s in 'silver' when it comes before **e** or **i**; it is hard as in '**cat**' before **a**, **o**, and **u**, unless it bears a cedilla (**ç**) which changes the sound to ss. The combination **ch** is pronounced as an English sh. For example:
cinema [see-'nay-me*r*] cinema
comer [koo-'mayr] to eat
começar [koo-m*e*-'sahr] to begin
chave ['shah-v*e*] key

d   In Portugal, sounds almost like th in 'though'. In Brazil, it is a harder sound almost as in English.

g   Sounds like the s in 'treasure' when coming before **e** or **i**. For example:
geral [zhe*r*-'rahl] general
gigante [zhee-'ga*n*-te] giant

It is hard, as in 'get', before **a**, **o**, **u** and preceding a consonant. For example:
gordo ['gohr-doo] fat

When in the combination **gu**, before **e** or **i**, the **u** is not pronounced – it is only there to make the **g** hard. For example:
guerra ['gehr-re*r*] war
guitarra [gee-'tahr-re*r*] guitar

h   This is never sounded.

j   Like the s in 'treasure'; it precedes **a**, **o**, **u**, but hardly ever **e**. For example:
jardim [zher-'dee*n*] garden
jóia ['zhoh-ye*r*] jewel

l   The final **l** is prolonged in Portugal, but in Brazil it has a faint quality. For example:
fácil ['fah-seel] easy ['fah-see'oo]

lh   Give this a liquid sound, like the lli in 'billiards'. For example:
melhor [me-'l'yohr] better
milho ['mee-l'yoo] maize

nh   Pronounced as the ni in 'onion':
minha ['mee-n'yer] mine.

qu   Has the sound of k, hard as in 'cat'. The **u** that follows it is not pronounced before **e** or **i**. For example:
qual [kwal] wish
quem [ken] who

r   Has a soft sound, close to the Italian r in 'caro' or the second r in 'rare', when between vowels. It has a harder sound, like the well-rolled Scottish r or the first r in 'rare', when it is doubled or comes at the beginning of a word. At the end of a word or syllable it is emphasized even more. But in Brazil the final **r** is usually dropped.
barato [ber-'rah-too] cheap
carro ['kah-rroo] car
amor [er-'mor] love

s   As in 'salt' when beginning a word, doubled or after a consonant. Between vowels it is less sibilant, like s in 'rose' or z in 'zebra'. In Portugal the final **s** of a word or syllable sounds like sh in 'sheep', although Brazilians sound a final **s** more as we do in English. For example:
sonho ['so-n'yoo] dream
rosa ['roh-zer] rose
lápis ['lah-peesh] pencil
cesto ['say-shtoo] basket

When a word with a final **s** is followed by a word beginning with a vowel, the **s** is pronounced like a z, not as sh.

t   In Portugal, always as in 'tea'. In Brazil, like ch – especially before **e** and **i**.

x   This has five sounds. It is like the English sh, when coming at the beginning of a word or between vowels. Also between vowels it can sound like s in 'some'. It has the sound of z when in the prefix **ex** plus a vowel, but is like ey'sh when **ex** is followed by a consonant. In words of foreign derivation it should be pronounced ks, as in English. For example:

xadrez [sher-'draysh] chess
queixa ['kay-sher] complaint
trouxe [trose] I brought
exército [ee-'zehr-see-too] army
explicar [ey'sh-plee-'kahr] to explain
taxi ['tah-ksee] taxi

z   Pronounce it as in 'zebra', except when it comes at the end of a word. A final **z** sounds like sh. For example:

zanga ['zan-ger] anger
fazer [fer-'zayr] to do, to make
luz [loosh] light

Week 1

- some essential phrases
- how to recognise whether a noun is masculine or feminine
- formation of the plural
- the articles – how to say 'the' and 'a'
- greeting, farewells, and polite phrases
- the useful verbs 'ter' and 'haver'
- simple negative and question forms
- personal pronouns ('I', 'you', 'he', 'she', etc)

INTRODUCTION: SOME ESSENTIAL PHRASES

Bom dia. [bon'dee-erl
Good morning.

Boa tarde. ['boh-er 'tahr-d]
Good afternoon.

Boa noite. ['boh-er 'noyt]
Good evening/good night.

Eu chamo-me Maria Fernanda Allen.
['ay'oo 'sher-moom]
My name is … (I am called …).

Como se chama o senhor?
['kom-oo se 'sher-mer oo sen''yor]
What is your name? (addressing a man).

Como se chama a senhora?
['kom-oo se 'sher-mer oo sen''yor-er]
What is your name? (addressing a woman).

Como se chama você?
['kom-oo se 'sher-mer 'voh-seh]
What is your name? (casual 'you', either sex).

Sou a sua professora. [so er 'soo-er proof''so-rer]
I am your teacher.

Sou portuguesa. [so poor'too-'gay-ze*r*]
I am Portuguese.

O senhor é inglês? [oo se*n*''yor eh eeng-'laysh]
Are you English? (addressing a man).

A senhora é inglesa? [e*r* sen''yor-e*r* eh eeng-lay-ze*r*]
Are you English? (addressing a woman).

Eu moro em Chelsea. ['ay'oo 'moh-roo e*n* ...]
I live in Chelsea.

Onde mora? [o*n*'d 'moh-re*r*]
Where do you live?

Fala Português? ['fah-le*r* poor-too-'gaysh]
Do you speak Portuguese?

Não? [nah'oo*n*] No?

Não faz mal. [nah-oo*n* fahsh mahl]
It does not matter.

Vamos agora aprender a falar português.
['ve*r*-moosh e*r*-'goh-re*r* e*r*-pre*n*-'dair e*r* fe*r*-'lahr poor-too-'gaysh]
We are now going to learn (to speak) Portuguese.

1 GENDER AND PLURAL OF NOUNS

All Portuguese nouns are either masculine or feminine; there is no neuter 'it'. Nouns and adjectives ending in **-o, -im, -om**, and **-um** are generally masculine, while those ending in **-a, -ã, -gem, -dade, -ice, -ez, -ção, -são** and **-ude** are feminine. Nouns ending in **-r, -l**, and **-e** have an equal chance of being feminine or masculine.

For example:
a flor (feminine) the flower
but
o amor (masculine) love
a capital (f.) the capital (city)
but
o capital (m.) the capital (money)
a noite (f.) the evening/night
but
o perfume (m.) the perfume

Learn more about identifying of gender in section 21.

The plural of nouns and adjectives is formed, in general, by adding **-s** to those ending in a vowel **(a/e/i/o/u)**, and **-es** to those ending in a consonant. Those ending in **-m** change the **-m** to **-ns**. For other rules regarding the plural, see section 22.

2 THE DEFINITE ARTICLE: THE

'The', the definite article, is either **o** or **a**, depending on whether the noun is masculine or feminine, as seen in the examples given in section 1 above. The definite article also changes if the noun is plural, to **os** or **as**:

Masculine singular:	o	o perfume
Masculine plural:	os	os perfumes
Feminine singular:	a	a noite
Feminine plural:	as	as noites

Exercise 1

1

This exercise doubles as a vocabulary list; learn what the words mean, then fill in the blanks with the appropriate definite article.

1	... rapariga	the girl (in Brazil: moça)
2	... rapaz	the boy
3	... escritório	the office
4	... casa	the house, home
5	... flores	the flowers
6	... empregos	the jobs, employment
7	... gatos	the cats
8	... alunas	the pupils
9	... mesa	the table
10	... mesas	the tables

IMITATED PRONUNCIATION (2)

oo; oo per-'foo-mer; oosh; oosh per-'foo-mersh; er; er 'noy'e-ter; ersh; ersh 'noy'e-tersh. rer-per-'ree-ger; 'moh-ser; rer-'pahsh; ish-kree-'toh-re'o; 'kah-zer; flo'rsh; en-'pray-goosh; 'gah-toosh; er-'loo-nersh; 'may-ser; 'may-sersh.

In Portuguese, 'a' and 'an' are translated as **um** before any masculine singular noun, and **uma** before any feminine singular noun. Unlike English, these articles also have plural forms: **uns** (m. pl.) and **umas** (f. pl.), which can be translated as '**some**' or not translated at all.

Masculine singular	**um**	**um homen** (a man)
Masculine plural	**uns**	**uns homens** (men)
Feminine singular	**uma**	**uma mulher** (a woman)
Feminine plural	**umas**	**umas mulheres** (women)

Exercise 2

Again, learn these new words and then fill in the blanks with the appropriate indefinite article.

1	… viagem	a trip
2	… escritório	an office
3	… avião	a plane
4	… cidade	a city, town
5	… bilhete (m.)	a ticket
6	… homens	men
7	… mulheres	women
8	… viagens	trips, voyages, travels
9	… escritórios	offices
10	… raparigas	girls

IMITATED PRONUNCIATION (3)

oon; 'oo-mer, oon 'oh-men; 'oo-mer mool-'yair; oonsh; 'oo-mersh; oonsh 'oh-mensh; 'oo-mersh mool-'yairsh. vee-'ah-zhen; ish-kree-'toh-re'o; er-vee-'ah-oon; see-'dah-de; beel-'yay-te;'oh-mensh; mool-'yairsh; vee-'ah-zhensh; ish-kree-'toh-re'oosh; rer-per-'ree-gersh.

1

Some greetings, farewells, and polite phrases:

Olá!	Hello!
Como está?	How are you?
Estou bem, obrigada.	(Woman's reply) I'm well, thank you.
Estou bem, obrigado.	(Man's reply) I'm well, thank you.
de nada	not at all; it's OK
não tem de quê	not at all; don't mention it
Adeus! (in Brazil: **Até logo!**)	Goodbye!
Até logo!	See you later!
Até amanhã!	See you tomorrow!
faz favor	please; after you; please do; excuse me (drawing someone's attention)
por favor	please
faça o favor de ...	please ... (more formal)
se faz favor ...	if you please ...
Desculpe!	Sorry!
Com licença!	Excuse me! (e.g. pushing past someone)

4 USEFUL VERBS: 'TER' (TO HAVE)

The Portuguese present tense translates the English present tense ('I do') and the present continuous ('I am doing'). It can also translate the future ('I shall do'), although there is a future tense in Portuguese.

Here is the present tense of the verb **ter**:

singular

eu tenho	I have
tu tens	you have (familiar)
você tem	you have (informal)
o senhor tem	you have (masculine formal)
a senhora tem	you have (feminine formal)

ele tem	he has
ela tem	she has

plural

nós temos	we have
vocês têm	you have (familiar and informal)
os senhores têm	you have (masculine formal)
as senhoras têm	you have (feminine formal)
eles têm	they have (masculine)
elas têm	they have (feminine)

NOTE: As you can see from the conjugation of this verb, the Portuguese language has several different ways of saying 'you'. See section 7 for an explanation of their different uses.

IMITATED PRONUNCIATION (4)

'ay'oo 'tern-yoo; too ten'sh; 'voh-seh ten;
oo sen-'yor ten; er sen-'yor-er ten; ell ten; 'eh-ler ten;
nosh 'tay-moosh; 'voh-sehs 'tay'ing;
oosh sen''yorsh 'tay'ing; ersh sen''yor-ersh 'tay'ing;
ellsh 'tay'ing; 'ehl-ersh 'tay'ing.

4A EXPRESSIONS WITH THE VERB 'TER' WHICH IN ENGLISH USE THE VERB 'TO BE'

ter fome	to be hungry
ter sede	to be thirsty
ter frio	to be cold
ter calor	to be warm
ter sono	to be sleepy
ter razão	to be right
ter pressa	to be in a hurry
ter vinte anos	to be twenty years old

ter saudades to feel longing, nostalgia for, to miss:

Tenho saudades de Portugal.
I miss Portugal.

1

Another common expression is:

Que é que tem?
What is the matter with you?

ter de or **ter que** express a strong necessity or obligation:

Tenho que terminar este trabalho.
I have to finish this work.
Você tem de partir imediatamente.
You must leave immediately.

IMITATED PRONUNCIATION (4A)

tair fohm; said; 'free'oo; ker-'lohr; 'soh-noo;
rer-'zah'oon; 'preh-ser, 'veen-t''eer-noosh;
ser'oo-'dah-d'sh; poor-too-'gahl; kee''eh ke teng;
'tern-yoo ke terr-mee-'nahr esht trer-'bahl-yoo;
'voh-seh ten de per-'teer em-d''yah-ter-ment.

5 AFFIRMATIVE, NEGATIVE, AND QUESTION FORMS

1 The affirmative 'yes' is **sim**:

Sim, tenho dinheiro.
Yes, I have (I do have) money.

2 Não means 'no', 'not':

Não, não tenho dinheiro.
No, I have not (I don't have) any money.

3 To ask a question, you usually simply give an enquiring intonation to what would otherwise be a statement:

Fala inglês?
Do you speak English?

Tem troco?
Have you (any) change?
Você quer mais vinho?
Do you want any more wine? (You want more wine?)

However, when the sentence begins with a question word (for example, 'What...?'), the word order is reversed:

Que disse você?
What did you say? (What said you?)

NOTE: In many of these sentences, the verb 'to do' appears in the English construction, but is not present in the Portuguese. When you need to say 'to do' (e.g. 'Are you doing anything this evening?'), use the verb **fazer**:

Que faz?
What are you doing?
Ela não faz nada.
She doesn't do/isn't doing anything.
(**Fazer** can also mean 'to make'.)

6 USEFUL VERBS: 'HAVER'

This is a very important verb. Its third person singular form, **há**, means 'there is', 'there are'. In this usage it corresponds to the French 'il y a', the Spanish 'hay', and the Italian 'c'è'. **Há** can also mean 'ago' and 'for' (relating to time).

For example:
Há muita gente aqui.
There are a lot of people here.
Há quanto tempo está em Lisboa?
How long have you been in Lisbon? (There is how much time you are in Lisbon?)
O avião partiu há cinco minutos.
The plane left five minutes ago.

Haver de plus the infinitive of another verb expresses a strong intention to do something in the future. Its nearest equivalent in English is 'I will':

Hei-de ir ao Brasil. I will go to Brazil (some day).

present tense

eu hei-de	I will ...	
tu hás-de	you will ...	(familiar sing.)
você há-de	you will ...	(informal sing.)
ele há-de	he will ...	
ela há-de	she will ...	
nós havemos de	we will ...	
vocês hão-de	you will ...	(familiar pl.)
eles hão-de	they will ...	(m.)
elas hão-de	they will ...	(f.)

IMITATED PRONUNCIATION (6)

ah 'm'ween-ter gent er-'kee; ah 'kwan-too 'ten-poo ish-'tah en leesh-'bo'er, oo er-ve-'ah'oon per-t''yoo ah 'seen-koo mee-'noo-toosh; er-'vair'd; 'ay'oo aide; too 'ahsh'de; 'voh-seh ah-de; el ah-de; 'eh-ler ah'de; nosh er-'vay-moosh'de; 'voh-sehs 'ah'oon -de; ellsh 'ah'oon-de; 'ehl-ersh 'ah'oon-de.

7 PERSONAL PRONOUNS: I, YOU, HE, ETC

You have already met these personal subject pronouns in sections 4 and 6.

eu	I
tu	you (familiar sing.)
você	you (informal sing.)
ele	he
ela	she
nós	we
vocês	you (familiar pl.)
eles	they (m.)
elas	they (f.)

The pronouns **eu**, **tu**, and **nós** are often omitted because the ending of the verb is enough to tell you who is doing the action described. When they are used, it is usually for emphasis or because the verb ending fails to show who is performing the action.

When saying 'you': **tu** is used among friends, relatives, and in addressing children. It is seldom used in Brazil.

você is used mainly between persons of the same age group or from employer to employee, teacher to student, etc. It is widely used in Brazil.

vocês is the plural of **tu** and **você**. It is used as both the familiar and the informal form in the plural.

O senhor, a senhora, os senhores, as senhoras are the most polite ways of rendering 'you' when addressing a man, a woman, men, women. When talking to a mixed group of people, the masculine form is used.

Both **você** and **o senhor/a senhora** take the third person singular form of the verb, the same as **ele** and **ela**. **Vocês** and **os senhores/as senhoras** take the third person plural, the same as **eles/elas**.

The word for 'you' may be omitted completely once the form of address has been established. For example:

Falas Português?
Do you (familiar) speak Portuguese?
Fala Português?
Do you (informal or formal) speak Portuguese?

There is another plural 'you' form **vós**, but it is no longer used except by elderly people in northern Portugal. You may also come across it in classical books or prayers.

In referring to an individual who represents a group, a company, etc, use the plural 'you' pronoun, **vocês**, with the appropriate verb form (once again, sometimes the pronoun may be omitted):

Vocês têm os planos prontos?
Have you got the plans ready? (You have the plans ready?)
A que horas abrem?
What time do you open?

Ele, **ela**, **eles**, and **elas** are also used for things. 'It' is **ele** or **ela** depending on the gender of the noun referred to. Where there is doubt, use the masculine pronoun.

English also uses 'it' in many impersonal expressions such as 'it is easy …'. In similar expressions, Portuguese uses the verb on its own: **é fácil**.

Exercise 3

Translate the following (you should have learnt the vocabulary already – see Exercises 1 and 2, and section 6):

1 Tenho.
2 Você tem?
3 Não temos.
4 Vocês têm.
5 Ela tem?
6 Os senhores não têm.
7 Eles não têm?
8 I have no money.
9 Have you (f. sing. formal) a ticket?
10 They (m.) have good jobs.
11 Have you (pl. informal) a house?
12 You (sing. familiar) have an office.
13 We are hungry.
14 There is no table.
15 How long have you (sing. form.) been speaking English?

CONVERSATION

Three short, simple dialogues

1   A Bom dia. O senhor tem troco de cinco
        euros?
     B Agora não tenho, desculpe. Mas aquela loja
        à esquina tem troco, com certeza.
     A Muito obrigado.
     B De nada.

2   A Você tem tempo para um café?
     B Sim, tenho, com muito prazer.
     A Então vamos aqui ao lado. Têm um café
        muito bom e há pouca gente.

3   A Os seus amigos ainda têm o andar em
        Lisboa?
     B Agora não, mas têm uma linda casa no
        Algarve, com um grande jardim e piscina.
     A Que sorte! Quem me dera ter uma casa
        assim!
     B Eu também.

VOCABULARY

agora não [er-'goh-rer 'nah-oon]	not at the moment
desculpe [d'sh-'kool- pe]	I'm sorry
mas [mersh]	but
aquela [er-'kay-ler]	that (f. sing)
loja ['loh-zher]	shop
esquina [esh-'kee-ner]	corner
com certeza [kon ser-'tay-zer]	definitely, certainly, for sure
tempo para ['ten-poo per'er]	time for
muito prazer [moo'in-too prer-'zayr]	great pleasure
então [en''tah'oon]	then, in that case
vamos aqui ao lado [ver-moosh er-'kee -ah'oo 'lah-doo]	let's go next door
pouca gente [poh-ker 'zhen-te]	not many people, few people
Os seus amigos ainda têm o andar em Lisboa? [osh 'say'osh er-'mee-gosh er-'een-der 'tay'ing oo an-'dahr en leesh-'boh-er]	Do your friends still have the flat in Lisbon?
linda [leen-der]	beautiful
grande [grahn-de]	big, large
jardim [zher-'deen]	garden
piscina [peesh-'see-ner]	swimming pool
que sorte! [ke 'sohr-te]	what luck!, how fortunate!
quem me dera [ken m' 'deh-rer]	how I wish ...
assim [er-'ssin]	like that
eu também [ay'oo tahn-'ben]	me too, so would I

Study the following piece and its vocabulary list, then answer the questions in the exercise. Answers will be found in the Key at the end of the book.

1

TEXT

A senhora Smith é inglesa. Ela é de Londres, mas agora mora em Lisboa. Ela tem um bom emprego como auditora de uma grande companhia. Tem um escritório no Estoril. O marido dela é um bom professor de inglês. Eu sou portuguesa. Chamo-me Maria Helena. Sou do Algarve mas agora moro em Lisboa porque sou médica em Lisboa. Lisboa é a capital de Portugal e é uma linda cidade.

VOCABULARY

ela é de	she is from
em	in
como	as
grande	large (big, great)
no	in the
médica (f.)	doctor (of medicine)
não	no, don't, not
mas agora	but now (at present)
ela tem	she has
auditora	auditor
companhia	company
o marido dela	her husband
linda	beautiful
porque	because

PRACTICE EXERCISE 1

Answer the following questions, basing your replies upon the piece you've just read.

1 A senhora Smith é portuguesa?
2 Onde mora agora?
3 Ela tem um bom emprego?
4 Como médica?
5 Onde tem ela um escritório?
6 Que faz o marido dela? (What does her husband do?)
7 A Maria Helena é de Lisboa?
8 Que faz ela?
9 Lisboa é a capital de Espanha?
10 Lisboa é uma cidade linda?

Week 2

- two very important verbs, 'ser' and 'estar'
  both meaning 'to be'
- adjectives, and how they must agree in number
  and gender with the noun they belong to
- important prepositions (of, in, at, for, etc)
- forms of address
- vocabulary for asking the way

8 'SER' AND 'ESTAR': TWO VERBS FOR 'TO BE'

Portuguese has two verbs that mean 'to be': **ser** [sair]
and **estar** [ish-'tahr]. The best way to pick up the
difference between them is to pay attention to the many
examples of their use that you will meet while learning
Portuguese. In general, **ser** denotes an inherent or
permanent quality of 'being'. It also refers to a profession
or calling or state in life, even if temporary: for example,
sou um aluno 'I am a student', **sou um turista** 'I am a
tourist', **sou solteiro** 'I am single/a bachelor'. In short, **ser**
is what you are, or who you are. Here are some examples:

Sou portuguesa. I (f.) am Portuguese.
Lisboa é linda. Lisbon is beautiful.
Ele é casado. He is married.
Nós somos amigos. We are friends.

8A 'SER' PLUS THE PREPOSITION 'DE'

Ser plus the preposition **de** denotes possession, origin.
Where there is a possessive adjective or pronoun, **de** is
omitted:

Eles são de Londres.
They are from London.
Esta chave é do senhor Gomes.
This key belongs to Mr Gomes.
Esta casa é minha.
This house is mine.

2

Ser is also used for the passive voice, impersonal phrases, telling the time, and permanent location (a well-known place).

For example:
Este trabalho é sempre feito por mim.
This work is always done by me.
É uma hora da tarde.
It is 1.00 pm.
Onde é o castelo de Windsor?
Where is Windsor Castle?

8B THE USE OF 'ESTAR'

Estar is used for 'to be' when speaking of a temporary state or condition, action, and place.

Eles estão em Londres. They are in London.

Comparing this example with the example above, **eles são de Londres**, notice that one uses the preposition **de** and the other **em**. This is a useful clue – if you are using **em** you know that **estar** must be used. Here are some other examples:

Ele está feio. He is looking ugly (temporarily)
But
Ele é feio. He is ugly (always).
Nós estamos cansados. We are tired.

Estar plus the preposition **a** followed by the infinitive is used to express the present continuous tense.

For example:
Eu estou a trabalhar. I am working.
(In Brazil, the present participle is used instead of the infinitive. Thus: **Eu estou trabalhando.**)

Estar com expresses the same meaning as **ter** in expressions such as:

Estou com fome (= **Tenho fome**) I am hungry.
Estou com sono (= **Tenho sono**) I am sleepy.

See also week 1, section 4A.

8C PRESENT TENSES OF 'SER' AND 'ESTAR'

	ser	estar
eu (I)	sou	estou
tu (you familiar)	és	estás
você (you informal)	é	está
ele, ela (he, she)	é	está
nós (we)	somos	estamos
vocês (you pl. informal)	são	estão
os senhores (you formal m. pl.)	são	estão
as senhoras (you formal f. pl.)	são	estão
eles, elas (they m. f.)	são	estão

Sentences with the verbs **ser** and **estar**:

Ela é linda. She is beautiful.
Ela está linda. She is looking beautiful.
O homem é velho. The man is old.
O homem está velho. The man is looking old.
Elas são aborrecidas. They (f. pl.) are boring.
Elas estão aborrecidas. They (f. pl.) are bored.
Eu sou enganada por todos.
I (f. sing.) am misled (cheated) by everyone.
Eu estou enganada.
I am mistaken.

Note that the Portuguese use the present tense far more than we do in English. It covers the:

English present simple tense (e.g. I stay);
English present continuous tense (e.g. I am staying);
English future with intention tense (e.g. I am going to stay);
and English future tense (e.g. we shall go).

2

The Portuguese present tense is also used where English uses the perfect tense in sentences with **há** (refer to the explanation of the various uses of **há** that is given in week 1, section 6) :

Estou aqui há dois dias.
I have been here for two days (lit. 'I am here there are two days').

IMITATED PRONUNCIATION (8C)

so; ehsh; eh; 'so-moosh; 'sah-oo*n* ...; ish-'to; ish-'tahsh; ish-'tah; ish-'te*r*-moosh; ish-'tah-o*n* ...; 'lee*n*-de*r*; 'vehl-yoo; e*r*-boor-*r*e-'seed-e*r*sh; e*n*-ge*r*-'nah-de*r*; poor 'to-doosh.

Exercise 4

This exercise is about using **ser**. Study the list of words that follows this exercise and then try to translate the sentences.

1 I (f.) am English.

2 Are you the manager of this hotel?

3 He is boring.

4 She is a secretary.

5 This is very important.

6 We (f.) are friends.

7 They (m.) are old.

8 Are these the suitcases? (meaning 'your suitcases')

9 Estas malas não são minhas.

10 Isto é impossível.

11 Eu não sou secretária, sou professora.

12 Nós somos amigas.

13 Vocês são casados?

14 Eles são turistas?

VOCABULARY

inglesa [een-'glay-zer]	English (f.)
gerente [je-'ren-te]	manager
deste ['daysh-te]	of this
hotel [o-'tel]	hotel
secretária [se-kre-'tah-ree-er]	secretary
isto ['eesh-too]	this
importante [een-poor''tan-te]	important
estas ['ehsh-tersh]	these
malas ['mah-lersh]	suitcases (f. pl.)
minhas ['meen-yersh]	mine (f. pl.)
impossível [een-poss-'ee-vel]	impossible
casados [ker-'zah-doosh]	married (pl.)
aborrecido [er-boor-re'seed-do]	bored, boring

2

Exercise 5

This exercise concerns using **estar**. Translate:

1 I am in London.
2 Are you (f. familiar) tired?
3 She is not at home.
4 We are working every day.
5 They (m.) are mistaken.
6 The train is late.
7 I (f.) am bored.
8 Estou a comer/estou comendo.
9 Você está hoje em casa?
10 Nós não estamos enganados.
11 O senhor está com fome.
12 Elas estão lindas.
13 As raparigas (Brazilian 'moças') estão prontas.
14 Hoje, não estou no escritório.

2

VOCABULARY

Londres ['lon-dresh]	London
cansadas [kan-'sah-dersh]	tired (f. pl.)
em casa [en-'kah-ser]	at home
trabalhar [trer-berl-'yahr]	to work
todos os dias	every day
['to-doosh oosh 'dee-ersh]	
o comboio [oo kon-'boh'e-oo]	the train
(In Brazil, 'train' is **trem**)	
atrasado [er-trer-'zah-doo]	late
comer [koo-'mayr]	to eat
hoje [o-zhe]	today
fome ['foh-me]	hunger
prontas ['pron-tersh]	ready (f. pl.)
escritório [ish-kree-'toh-re'oo]	office

9 ADJECTIVES: DESCRIBING THINGS

Adjectives agree in gender and number with the noun they qualify and they usually follow it. For example: **a língua portuguesa** the Portuguese language. If the masculine form of the adjective ends in **o**, the **o** changes to **a** in the feminine. If the adjective ends in **s**, **z**, **r**, you add **a**. Adjectives ending in other consonants or **e** do not change. In the plural adjectives behave like nouns. For more rules see sections 21 and 22.

When the adjective precedes the noun, its meaning may be different from when it follows the noun.

For example:
um homem pobre a poor man
(meaning he has no money)
um pobre homem a poor man
(a man to be pitied)

grande before a noun usually means 'great'. When it follows a noun, it means 'big' or 'large'.

For example:
um grande homem a great man
(meaning distinguished)
um homem grande a big man
(referring to his physique)

But there are a number of other adjectives which are more or less always placed before the noun:

bom/boa	good
belo/bela	beautiful
mau/má	bad
longo/longa	long
breve	soon, short
muito/muita*	much
muitos/muitas	many

The ordinal numbers (first, second, third, etc) usually precede the noun, as in English: **no terceiro dia** on the third day.

Adjectives in Portuguese often serve as past participles, which agree in gender and number with the subject, when using **ser** or **estar**: **elas estão cansadas** they are tired.

* When **muito** is used as an adverb, meaning 'very much' or 'very', it is invariable, with no feminine or plural forms.

10 PREPOSITIONS: OF, IN, AT, FOR, ETC

de	of, from
em	in, on, at
a	at, to
por	for, by, through
para	for, to, in order to (See week 10, section 48)

Some of these prepositions combine with the articles:

de plus the definite article **o**, **a**, **os**, **as** becomes:
do, **da**, **dos**, **das** 'of the', 'from the'.

de plus the indefinite article becomes:
dum, duma, duns, dumas 'of a', 'of some' (although in this case they could also be separated).

em plus the definite article becomes:
no, na, nos, nas 'in the', 'on the', 'at the'.

em plus the indefinite article becomes:
num, numa, nuns, numas 'in a', 'in some', etc (sometimes separated).

a plus the definite article becomes:
ao, à, aos, às 'to the', 'at the'; it does not combine with the indefinite article.

por plus the definite article becomes:
pelo, pela, pelos, pelas 'by the', etc; it does not combine with the indefinite article.

para does not combine with any article.

de, em, and **a** also join demonstrative adjectives; for example, **nesta** 'in this' (f.), **disto** 'of/from this' (neuter). They also join third person object pronouns, e.g. **dele** 'of/from him', **nelas** 'in them' (f. pl.). And they combine with **aqui, ali** to give **daqui** 'from here', **dali** 'from there', etc. **a** combines with **aquele, aquela, aquilo** to give **àquele**, etc, 'to/at that' (see section 14).

IMITATED PRONUNCIATION (10)

de; en; er, poohr; 'per-rer, doo, der, doosh, dersh; doon, 'doo-mer, doonsh, 'doo-mersh; noo, ner, noosh, nersh; noon, 'noo-mer, noonsh, 'noo-mersh; 'ah'oon, ah, 'ah'oonsh, ahsh; 'pehl-oo, 'pehl-er, 'pehl-oosh, 'pehl-ersh.

POSSESSIVES

Portuguese has no equivalent of the English possessive case, as in 'Mary's house'. Instead, use the preposition **de**:

a casa da Maria Mary's house ('the house of the Mary')

Exercise 6

Translate the following:

1 The book is on the table.
2 The woman is at the door.
3 She is going through the park.
4 Uncle Tom's office.
5 I am on the (at the) telephone.
6 The water is in the glass.
7 I am here on holiday.
8 Vamos ao mercado.
9 Vou para casa.
10 Ela está na casa de banho.
11 Numa situação como esta.
12 Ele entrou pela janela.
13 Falo do acidente.
14 Ele deu o dinheiro ao rapaz.

VOCABULARY

livro ['lee-vroo]	book
mesa ['may-ser]	table
porta ['pohr-ter]	door
ela vai ['eh-ler 'vah-ee]	she is going
parque (m.) [park]	park
tio Tomás ['tee-oo too-'mahsh]	uncle Tom
telefone (m.) [oo te-'le-foh-ne]	telephone
mercado [mer-'kah-doo]	market
água ['ah-goo'er]	water
copo ['koh-poo]	glass
vou [voh]	I am going
casa ['kah-zer]	home, house
casa de banho [bern'yoo]	bathroom (Br: **banheiro**)
como esta ['koh-moo 'ehsh-ter]	like this (one)
situação [see-too-er-'sa''oon]	situation
ele entrou [el en-'troh]	he came in
janela [zher-'neh-ler]	window
falo do ... ['fah-loo doo]	I speak about the ...
acidente [er-see-'den-te]	accident
ele deu [el day'oo]	he gave

2

Sr stands for **Senhor**, 'Mr'. **Sra** is the written abbreviation for **Senhora**, 'Mrs'. When addressing a married woman, you use her Christian name preceded by **Senhora Dona (Sra D.)**. In Brazil, just '**Dona**' is sufficient. If you do not know her Christian name, then **Senhora (Sra)** plus her surname is the usual form of address. Use the abbreviated form when writing. Unmarried women (up to a certain age) may be addressed as **Menina** plus their first name in Portugal. In Brazil, they are addressed by their first name or **Senhorita** plus the first name or surname.

You are advised to listen well to Portuguese people addressing each other in private and public places, before attempting to venture through the maze of Portuguese forms of address, with their various degrees of formality. (See week 1, sections 4 and 7 for notes on 'you'.)

When addressing a doctor (medicine, law, PhD), **Senhor doutor (Sr Dr)** is used. For example: **Como está o Senhor doutor?** How are you, doctor? (**Senhora doutora** is used for a woman doctor).

When addressing an engineer (university level) use **Senhor engenheiro (Sr Eng)**, **Senhora engenheira (Sra Eng[a])**. An architect (university level) is **Senhor arquitecto (Sr Arq)**, **Senhora arquitecta (Sr Arq[a])**.

VOCABULARY

Some useful phrases for asking the way and for giving directions:

Pode me dizer, por favor, qual é o melhor caminho para ...?
Can you tell me, please, which is the best way to ...?

vá ...	continue ...
sempre a direito	straight on
sempre em frente	straight on
vire/volte à direita	turn to your right
vire/volte à esquerda	turn to your left
atravesse a rua	cross the road
chegando/ao chegar ao fundo	at (on reaching) the end
vê logo	you'll see straightaway
os semáforos	the traffic lights
a encruzilhada	the crossroads
a bifurcação	the fork
a rotunda	the roundabout
a passagem de peões	the pedestrian crossing

Note that **a direito** (no accent on **a**, and **direito** with the stress on the final syllable) is used for 'straight on', while 'to your right'/'on the right' is **à direita**. Getting this wrong could make a big difference to your journey!

For a further chance to use this vocabulary see the Practice section at the end of week 3.

CONVERSATION

Um encontro

SR SMITH	Olá Dona Linda. Como está?
SRA PEREIRA	Estou bem, obrigada. E você?
SR SMITH	Bem, obrigado.
SRA PEREIRA	Então por aqui?
SR SMITH	Sim, estou aqui há dois dias, em negócios.
SRA PEREIRA	E quanto tempo vai ficar em Lisboa?
SR SMITH	Vou ficar uma semana, pelo menos. Estou na casa dos meus amigos Bosomworth. Você lembra-se deles?
SRA PEREIRA	Sim, muito bem, por causa do nome. Creio que o nome deles quer dizer em Português, 'peito de valor'. Que cómico!
SR SMITH	Não é mais cómico que o seu, que quer dizer em Inglês 'beautiful peartree'.
SRA PEREIRA	Bem, é uma questão de opinião. Ah, aqui vem a minha amiga Angélica! Angélica, apresento-lhe o Sr. Tomás Smith ... Doutora Angélica dos Santos da Purificação.
SR SMITH	Muito prazer, minha senhora.
DRA SANTOS DA P.	Igualmente.
SR SMITH	Desculpe, por favor repita o seu nome e devagar. Não compreendi bem.
DRA SANTOS DA P.	Angélica dos Santos da Purificação.
SR SMITH	Que pureza, senhora doutora!
SRA PEREIRA	Bem, desculpe Tomás, mas temos que nos ir embora. Estamos com muita pressa. Telefone-me. Adeus.
SR SMITH	Adeus Dona Linda e Doutora Angélica. Até breve.

A meeting

2

MR SMITH	Hello [Mrs] Linda. How are you?
MRS PEREIRA	I'm very well, thank you. And you?
MR SMITH	Well, thank you. [Notice a man says **obrigado** and a woman says **obrigada**.]
MRS PEREIRA	Fancy meeting you here [literally: Are you here then?].
MR SMITH	Yes, I've been here two days, on business.
MRS PEREIRA	And how long are you staying [going to stay] in Lisbon?
MR SMITH	I'm going to stay for a week, at least. I'm at my friends the Bosomworths' house. Do you remember them?
MRS PEREIRA	Yes, very well, because of their name. I believe their name [literally: the name of them] means in Portuguese, 'peito de valor'. How funny!
MR SMITH	No more than yours which means in English, 'beautiful peartree'.
MRS PEREIRA	Well, it's a matter of opinion. Ah, here comes my friend Angela. Angela. Let me introduce [to you] Mr Thomas Smith ... Dr Angela dos Santos da Purificação.
MR SMITH	Pleased to meet you.
SANTOS DA P.	Likewise [literally: equally].
MR SMITH	I'm sorry, please repeat your name, and slowly. I didn't understand [it] well.
SANTOS DA P.	Angela of the Saints of the Purification.
MR SMITH	What purity, dear doctor!
MRS PEREIRA	Well, I'm sorry, Thomas, but we [shall have to] have to go. We're in a hurry. Give me a ring. Good-bye.
MR SMITH	Good-bye Linda and Dr Angela. See you soon.

2

VOCABULARY

em negócios [en ne-'goh-see-oosh]	on business
pelo menos ['pay-loo 'may-noosh]	at least
lembra-se de ...? ['len-brerse de]	do you remember?
creio que ['kray-o ke]	I believe
quer dizer [kehr dee-'zayr]	it means
apresento-lhe [er-prezen-too-l'ye]	I introduce to you
muito prazer	(It's a) great
['moo'in-too prer-'zayr]	pleasure, how do
	you do?
igualmente* (ee-'gwahl-men-te)	likewise

* This is a useful little word that is used when reciprocating a wish or returning a compliment, and avoids repeating **Muito prazer**, **Boa sorte** (Good luck), **Feliz Natal** (Happy Christmas), etc.

Practice 2

Study the following piece and its vocabulary list, then answer the questions in the exercise.

DIALOGUE

Na Esplanada
It is 5 p.m. and people crowd the pavement cafés.
Complete strangers often share the same table. Paula
makes her way to a table where just one man is sitting.

PAULA   Está aqui alguém?
HOMEM   Não, não. Faz favor!
PAULA   Obrigada. Está tanta gente!
HOMEM   É verdade! E está tanto calor!
PAULA   [calling the waiter] Faz favor! Um chá forte com
         leite, um pastel de nata e um copo de água.
HOMEM   Desculpe, você é inglesa?
PAULA   Nâo, sou americana mas vivo há muito tempo
         na Inglaterra. [She reaches across for the
         sugar.] Com licença! O senhor é português?
HOMEM   Não, sou brasileiro mas minha familia é
         portuguesa. Estou aqui em negócios. E você?
PAULA   Estou de férias e quero praticar o meu português.
HOMEM   Fala muito bem.
PAULA   Obrigada. Pode me dizer onde estão os lavabos?
HOMEM   Sim, estão ali à sua direita.
PAULA   Muito obrigada e adeus. Vou pagar a conta ao
         balcão.
HOMEM   Adeus e boas férias!

VOCABULARY

aqui	here
alguém	anybody, somebody
tanto/tanta	so much
gente (f.)	people
verdade (f.)	truth, true
calor (m.)	heat, hot
chá (m.)	tea
forte	strong
com	with

leite (m.)	milk
pastel de nata	a kind of custard tart
copo de água (m.)	a glass of water
mas vivo	but I live
vivo há muito tempo	I have lived for a long time (see section 6)
a minha familia	my family
em negócios	on business
de férias (em férias)	on holiday
e	and
quero	I want
praticar	to practise (to put into practice)
pode me dizer	can you tell me
lavabos	public lavatories
à sua direita	on your right
vou	I'm going
pagar ao balcão	to pay at the desk (lit. counter)
conta	bill

PRACTICE EXERCISE 2

Answer the questions, then have a go at re-enacting this scene with some friends or others in the class. Since your answers (which should, of course, be in Portuguese) are contained in the preceding text, we won't include this exercise in the Key at the back of the book.

1 Que pergunta Paula ao homem?
   (What does Paula ask the man?)

2 Está pouca (= few) gente?

3 Está frio?

4 Que deseja a Paula?

5 Ela é portuguesa?

6 Ela vive há pouco tempo na Inglaterra?

7 O homem é americano?

8 O homem está de férias?

9 Porque (= why) está Paula em Portugal?

10 Onde estão os lavabos?

11 Onde vai ela pagar a conta?

Week 3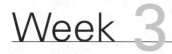

- the present tenses of three regular verbs, one from each conjugation: 'falar', 'comer', abrir'
- question words ('who?', 'when?', 'why?', etc)
- relative pronouns ('who', 'which', 'whose', etc)
- demonstrative adjectives and pronouns ('this', 'that', 'these', 'those')

12 REGULAR VERBS (PRESENT TENSE)

There are three conjugations which end respectively in **-ar**, **-er**, **-ir**. The part of the verb which precedes these endings is called the stem. To conjugate any verb all you have to do is to preserve the stem and add the appropriate endings as shown below. The endings are underlined. It is vital to learn these because they indicate who is performing the action, since the personal pronoun is often omitted.

Present tense

	falar	**comer**	**abrir**
	to speak	to eat	to open
eu (I)	fal<u>o</u>	com<u>o</u>	abr<u>o</u>
tu (you familiar)	fal<u>as</u>	com<u>es</u>	abr<u>es</u>
você (you informal)	fal<u>a</u>	com<u>e</u>	abr<u>e</u>
ele, ela (he, she)	fal<u>a</u>	com<u>e</u>	abr<u>e</u>
nós (we)	fal<u>amos</u>	com<u>emos</u>	abr<u>imos</u>
vocês (you pl. informal)	fal<u>am</u>	com<u>em</u>	abr<u>em</u>
eles, elas (they m. f.)	fal<u>am</u>	com<u>em</u>	abr<u>em</u>

IMITATED PRONUNCIATION

'fah-loo, 'fah-le*r*sh, 'fah-le*r*, fe*r*-le*r*-moosh, 'fah-law*n*; 'ko-moo, 'koh-m*e*sh, 'koh-m*e*, koo-'meh-moosh, 'koh-me*n*; 'ah-broo, 'ah-br*e*sh, 'ah-br*e*, e*r*-'bree-moosh, 'ah-bre*n*.

Exercise 7

Translate, referring to vocabulary below:

1 Procuramos uma casa.
2 Eles não falam Português muito bem, mas compreendem tudo.
3 Ela nunca aceita o meu convite.
4 Que toma o senhor?
5 Ele abre a janela.
6 Estudo todos os dias.
7 Vocês não comem muito.
8 Parto às nove horas.
9 Os senhores trabalham muito.
10 As senhoras compram os bilhetes.

VOCABULARY

procurar [proo-koo-'rahr]	to look for
muito bem [moo'in-too ben]	very well
compreender [kon-pre-en-'dayr]	to understand
perceber [per-ser-'bayr]	to understand
tudo ['too-doo]	everything
nunca ['noon-ker]	never
aceitar [er-sa-'tahr]	to accept
meu ['may-oo]	my (also mine)
convite [kon-'vee-te]	invitation
que [ke]	what
tomar [too-'mahr]	to take, to have food or drink
estudar [ish-too-'dahr]	to study
todos os dias ['to-doosh oosh 'dee-ersh]	every day
partir [per-'teer]	to leave, to depart
às nove horas [ahsh 'noh-ve 'oh-rersh]	at nine o clock
muito ['mween-too]	very much, a lot
comprar [kon-'prahr]	to buy

Exercise 8

Translate into Portuguese:

1 My brother is looking for a job in Mozambique.
2 He is learning Portuguese.
3 Do you need help?
4 I accept your invitation with pleasure.
5 They drink and smoke too much.
6 The train leaves on schedule.
7 He is selling his car.
8 Today I am not buying anything.
9 My sister does not eat at one o'clock.
10 She is on a diet.

3

VOCABULARY

meu irmão ['may-oo eer-'mah'oo*n*]	my brother
Moçambique [moo-sa*n*-'bee-k*e*]	Mozambique
aprender [e*r*-pre*n*-'dayr]	to learn
precisar de [pr*e*-sc*c*-'zahr d*e*]	to need
ajuda [e*r*-'joo-d*er*]	help
seu ['say-oo]	your (formal)
bebcr [b*e*-'bayr]	to drink
fumar [foo-'mahr]	to smoke
demasiado [d*e* m*er*-z*ee*-'ah-d*oo*]	too much
partir [p*er*-'teer]	to leave
à tabela [ah t*er*-'bay-l*er*]	on time, on
(In Brazil: **no horário certo**)	schedule
vender [ve*n*-'dayr]	to sell
carro ['kahr-roo]	car
nada ['nah-d*er*]	nothing
minha irmã ['mee-n'ye*r* eer-ma*n*]	my sister
à uma hora [ah 'oo-me*r* 'oh-r*er*]	at one o'clock
de dieta [d*e* dee-'ay-t*er*]	on a diet

3

como ...? adverb 'how ...?':

Como está?
How are you? (sing.)
Como se chama?
What is your name? (lit. How are you called?)
Como se diz 'table' em português?
How do you say 'table' in Portuguese?
A como estão as peras?
How much are the pears?

como conjunction 'as', 'like':

Ela é como a mãe.
She is like her mother.
... como eu não queria dizer ...
... as I did not want to say ...

quando ...? adverb 'when ...?':

Quando vai ao Brasil?
When are you going to Brazil?

quando conjunction 'when':

Quando ele falou comigo ...
When he spoke with me ...

onde ...? adverb 'where ...?':

Onde moram os senhores?
Where do you (pl. formal) live?
De onde vem?
Where are you coming from?
Por onde é a saida?
Where is the way out?

Note also the use of **aonde?** and **para onde?**,
'where to?'.

quem ...? interrogative and relative pronoun 'who ...?', 'whom ...'/'whose ...':

Quem foi que fez isto?
Who (was it that) did/made this?
De quem é esta caneta?
Whose pen is this?
Não foi ele quem me disse ...
It was not he who told me ...

porque ...?, por que adverb and conjunction 'why ...?', 'for what (reason)?':

Porque é que ele comprou esta casa?
Why did he buy this house? (Why is it that he bought ...?)
Por que motivo ...? For what reason ...?

Note also **porque não?** 'why not?'; **porquê?** 'why?'; **porque** conjunction 'because'.

que ...?, o que ...?
interrogative pronouns 'what ...?', 'which ...?':

Que diz você? O que foi que ele fez?
What are you saying? What was it that he did?
Que rua? Which street?

que relative pronoun 'that', 'which', 'whom':

O jantar que tive ... The dinner that I had ...
A mulher que você viu falar comigo ...
The woman whom you saw speaking to me ...

Note also **que** in exclamations such as **Que chatice!** 'What a nuisance!' (slang), and also the interrogative pronoun (used on its own) **Quê?** 'What?'.

quanto ...? adverb, pronoun, adjective 'how much ...?':

Quanto custa?
How much does it cost?

Só Deus sabe quanto ela sofreu.
God alone knows how much she has suffered.

Note also: **quanto mais que ...** 'particularly/specially as ...', 'because', and **quanto a ...** 'as to, as for, regarding ...'.

quantos/quantas ...? (m./f.) 'how many ...?':

Quantos quartos?
How many bedrooms?
Quantas libras deseja trocar?
How many pounds do you want to change?

qual, quais interrogative and relative pronoun, adjective, conjunction 'which', 'which one', 'who', 'whom', 'what', 'that' (denotes a preference, a limited number, or emphasizes the subject):

Qual é o melhor hotel em Londres?
Which is the best hotel in London?
Quais são as calças que prefere?
Which are the trousers (that) you prefer?
A irmã do meu amigo, a qual escreveu um livro muito controverso.
My friend's sister, (the one) who wrote a very controversial book.

Note also: **cada qual** 'each one', 'each person', and **tal qual ...** 'just like ...'

Other relative pronouns are **cujo (m.)**, **cuja (f.)**, and their respective plural forms **cujos** and **cujas** 'whose', 'of which', 'of whom':

A minha secretária, cuja mãe vive na América do Norte, vai-se embora.
My secretary, whose mother lives in North America, is going away.
A sua carta, cujo conteúdo me surpreendeu ...
Your letter, the contents of which surprised me ...

IMITATED PRONUNCIATION (13)

'ko-moo; 'kwan-doo; 'on-de; ken; poor'-'ke; ke, oo ke
'kwan-too; 'kwan-toosh, 'kwan-tersh; kwal, 'kwa'eesh;
'koo-zhoo, 'koo- zher, 'koo-zhoosh, 'koo-zhersh.

Exercise 9

Translate the following:

1 Qual é a estação mais próxima daqui?
2 Qual é a sua morada? (Also: 'endereço', 'direção')
3 Ela nunca faz o que eu quero.
4 Porque não vai de automóvel?
5 Creio que é muito longe.
6 Como vão os seus negócios?
7 Não sei a quem devo pagar.
8 Where arc you going?
9 How much do I owe?
10 You haven't told me (what is) your name.
11 What did you say?
12 Who is that handsome man?
13 When are you going to France?
14 The keys (that) she gave me are not mine.

VOCABULARY

estação [ish-ter-'sah-oon]	station
a mais próxima	nearest (f. sing.)
['mah-ish 'proh-see-mer]	
daqui [der-'kee]	to here (from here)
morada [moo-'rah-der]	address
nunca ['noon-ker]	never
faz [fahsh]	makes, does
quero ['keh-roo]	I want
vai ['vah-ee]	go, goes
automóvel	car
[ah'oo-too-'moh-vel]	
creio ['kray-oo]	I believe
longe ['lon-zhe]	far
vão ['vah-oon]	go (pl.) are going
seus ['say-oosh]	your (formal pl.)
negócios [ne-'goh-see-oosh]	business (pl.)
devo ['deh-voo]	I should/must, do I owe? (from **dever**, ought to, should, must; also: to owe)
pagar [per-'gahr]	to pay
não me disse	you haven't
[nah'oon me 'dee-ser]	told me
disse? ['dee-ser]	did you say?
aquele [er-'kay-le]	that (over there)
lindo ['leen-doo]	handsome (m.)
simpático	handsome, nice, charming (m.)
['seen-'pah-te-koo]	
a França ['fran-sser]	to France
as chaves ['shah-vesh]	the keys
ela deu-me	she gave me/she has
['eh-ler day'oom]	

14 DEMONSTRATIVES: THIS, THAT, THESE, THOSE

this	these
este m. sing.	**estes** m. pl.
esta f. sing.	**estas** f. pl.
isto indeterminate	

that (near to person addressed)	those
esse m. sing.	**esses** m.
essa f. sing.	**essas** f. pl.
isso indeterminate	

that (over there)	those
aquele m. sing.	**aqueles** m. pl.
aquela f. sing.	**aquelas** f. pl.
aquilo indeterminate	

The demonstrative adjectives and pronouns combine with the prepositions **de** and **em**. The demonstrative adjective **aquele/aquela** also combines with the preposition **a**.

For example:
de + este = deste of this, from this (m.)
de + aquelo = daquelo of/from this (neuter)
em + este = neste in/on this
em + essa = nessa in/on that (f.)
em + aquele = naquele in/on that (further away)
a + aquele = àquele to/at that

Note that **a** only combines with **aquele**, **aquela**, etc (see section 10).

isto, **isso**, **aquilo** are used in place of nouns when the gender of the noun is not known or indeterminate.

IMITATED PRONUNCIATION (14)
'aysh-t*e*; 'aysh-t*e*sh; 'esh-te*r*; 'esh-te*r*sh; 'ish-too;
'ay-s*e*; 'ay-s*e*sh; 'es-se*r*; 'es-se*r*sh; 'e-soo; e*r*-'kay-l*e*;
e*r*-'kay-lesh; e*r*-'keh-le*r*; e*r*-'keh-le*r*sh; e*r*-'kee-loo.

Exercise 10

Translate the following:

1 Aquela loja à esquina.
2 Vamos àquela praia.
3 O que é isto?
4 Isto é um computador.
5 Por favor feche essa porta.
6 Este é o meu marido e aquele é o meu filho.
7 Estas chaves não são minhas.
8 This house is large.
9 What is that? (closer to the person addressed)
10 I do not want those (over there) books.
11 This is impossible.
12 He is in that hotel.
13 This suitcase is that man's (belongs to that man).
14 The tickets are in this handbag.

VOCABULARY

praia ['prah-ye*r*]	beach
computador [ko*n*-poo-te*r*-'dor]	computer
feche [fay-sh*e*]	shut (imperative form)
meu marido ['may-oo mer-'ree-doo]	my husband
filho ['fee-*l'yoo*]	son
mala ['mah-le*r*]	suitcase (also handbag)
mala de senhora ['d*e* se*n*-'yor-e*r*]	lady's handbag
carteira [ke*r*-'tay-re*r*]	handbag, wallet, school desk
grande ['gra*n*-de]	large (also big, great, grand)

CONVERSATION

Um telefonema

MARIA Estou.
ANTÓNIO Está lá? É a Maria?
MARIA Sou sim. Quem fala?
ANTÓNIO Daqui fala o António. Bom dia, como está?
MARIA Bem, obrigada. E você e sua familia?
ANTÓNIO Menos mal, obrigado. Estou muito cansado. Ontem à noite voltei de Londres.
MARIA E então teve férias boas?
ANTÓNIO Sim, mas o tempo estava péssimo.
MARIA Você fez muitas compras?
ANTÓNIO Não muitas. Está tudo tão caro! Mas comprei uma lembrança para você que, infelizmente, se quebrou na viagem.
MARIA Não faz mal. Você é muito amável. Agradeço-lhe da mesma maneira.
ANTÓNIO Aonde vai passar as férias este ano?
MARIA Estou a pensar em ir a Londres também.
ANTÓNIO Fala inglês?
MARIA Não muito bem, mas faço-me compreender.
ANTÓNIO Londres é uma grande cidade, e linda, mas está sempre a chover. Você terá de levar um guarda-chuva.
MARIA Claro.
ANTÓNIO Então, Maria, que há de novo? E sua irmã Emilia? Que é feito dela?
MARIA Mas eu não tenho nenhuma irmã.
ANTÓNIO Você não se chama Maria dos Anjos da Silva?
MARIA Não, chamo-me Maria da Conceição Lopes.
ANTÓNIO Desculpe, enganei-me no número.

A telephone call

MARIA   Hello? [literally 'I am']

ANTÓNIO   Hello? [literally 'Are you there?'] Is that you, Maria?

MARIA   Yes, it's me. Who is that speaking?

ANTÓNIO   António speaking [literally 'from here speaks António']. Good morning, how are you?

MARIA   Well, thank you. And you and your family?

ANTÓNIO   Not too badly, thank you. I'm very tired. Last night [literally 'yesterday at night'] I returned from London.

MARIA   And did you have a good holiday?

ANTÓNIO   Yes, but the weather was awful.

MARIA   Did you do much shopping? [literally 'purchases']

ANTÓNIO   Not much [literally 'not many']. Everything is so expensive! But I bought a gift for you which, unfortunately, has got broken during the trip.

MARIA   It doesn't matter. You're very kind. Thank you all the same.

ANTÓNIO   Where are you going to spend your holidays this year?

MARIA   I'm thinking of going to London too.

ANTÓNIO   Do you speak English?

MARIA   Not very well, but I make myself understood.

ANTÓNIO   London's a great city, and beautiful, but it's always raining. You'll have to take an umbrella.

MARIA   Naturally.

ANTÓNIO   Well, Maria – what news? [literally 'What is there which is new?'] And what about your sister Emilia? What's happened to her?

MARIA   But I don't have a sister.

ANTÓNIO   Aren't you [literally 'don't you call yourself'] Maria dos Anjos da Silva?

MARIA   No. My name is [literally 'I call myself/I am called'] Maria da Conceicao Lopes.

ANTÓNIO   Oh I'm sorry. I have the wrong number [literally 'I made a mistake in the number'].

VOCABULARY

menos mal ['may-noosh mahl] not too bad (badly)

ontem à noite last night (literally
  [on-ten ah 'noy-te] 'yesterday at night')

então [en-'tah-oon] well, well then, so

férias boas (or **boas férias**) good holidays
  ['feh-ree-ersh 'boh-ersh]

infelizmente unfortunately
  [een-feh-leesh-'men-te]

Não faz mal. It doesn't matter.
  ['nah-oon fahsh mahl]

É muito amável. You are (or he/she
  [eh 'mween-too er-'mah-vel] is) very kind.

Agradeço-lhe. (I) thank you.
  [er-grer-'da-soo-l'ye]

da mesma maneira all the same, in
  [der 'maysh-mer mer-'nay-rer] the same way

este ano [aysh-t'er-noo] this year

claro ['klah-roo] of course, certainly,
  obviously, it goes
  without saying, etc

Que há de novo? What is new? What
  [kee ah de 'no-voo] (is the) news?

Que é feito dela? What has happened
  [kee'eh f'ay-too 'deh-ler] to her? What has
  she been doing?

Enganei-me. [en-ger-'nay-me] I made a mistake.

3

Practice 3

Study the following piece and its vocabulary list (also check back to the vocabulary list on page 41), then answer the questions in the exercise.

DIALOGUE

A senhora Smith procura um banco e Centro de Turismo ...

SRA SMITH O senhor desculpe, dizia-me por favor se há um banco aqui perto?

TRANSEUNTE Sim, há. Fica a dois minutos daqui. A senhora vai por aqui, sempre a direito e depois de passar uma garagem vê logo o banco.

SRA SMITH Obrigada. Quero também ir ao Centro de Turismo. Onde fica?

TRANSEUNTE Fica um pouco longe daqui. É melhor a senhora apanhar um táxi. A praça de táxis está ali à sua esquerda depois de virar aquela esquina.

SRA SMITH E eles sabem onde está o Centro de Turismo?

TRANSEUNTE Claro, minha senhora, eles conhecem Lisboa como a palma da mão.

SRA SMITH Muito obrigada.

TRANSEUNTE De nada!

VOCABULARY

dizia-me	would you tell me
se há	if there is
um banco	a bank
perto	near
aqui perto	nearby
fica	it is (situated) (see **ficar**, to stay/remain/be/be situated, section 24A)
sim, há	yes, there is (one)

vai por aqui	(you) go this way
e depois de passar	and after you pass
uma garagem	a garage
vê logo	you see straight away
quero	I want (I would like)
também	also, too
ir ao ...	to go to the ...
Centro de Turismo	Tourist Office
onde fica	where is it (located)
um pouco longe	not far from here (lit. 'a
daqui	little far ...')
melhor	better
apanhar	to catch (in this case, to take)
praça de táxis (f.)	taxi rank
ali	there
aquela esquina	that corner
e eles sabem ...?	do they know ...?
	(verb **saber**)
claro	naturally (= but of course)
conhecem	they know (see **saber,**
	conhecer section 25)
como a palma	like the palm of (their) hand
da mão	(cf. 'back' in English idiom)

PRACTICE EXERCISE 3

Complete the following sentences (for answers,
see Key):

Desculpe, ... se ... um banco aqui ...? Fica a ... ...
.... A senhora vai ... ..., sempre ... ... e depois de ...
uma garagem ... ... o banco. Quero também ... ...
Centro de Turismo. Onde ...? Fica ... ... longe daqui.
É ... a senhora ... um táxi. A praça de táxis ...
... à sua ... depois de ... aquela .... E eles ... onde ... o
Centro de Turismo? ..., minha senhora, eles ... Lisboa
como ... ...

Week 4

- *posessive adjectives and pronouns ('my', 'mine', 'your', 'yours', etc)*
- *cardinal and ordinal numbers*
- *time expressions*
- *days of the week*
- *months and seasons*
- *greetings*

15 POSSESSIVES: MY, MINE, YOUR, YOURS, ETC

Possessive adjectives and pronouns agree in number and gender with the thing possessed:

	m. sing.	f. sing.	m. pl.	f. pl.
my, mine	o meu	a minha	os meus	as minhas
your(s) (famil.)	o teu	a tua	os teus	as tuas
your(s) (form.)	o seu	a sua	os seus	as suas
his/her(s)/its	o seu	a sua	os seus	as suas
our, ours	o nosso	a nossa	os nossos	as nossas
your, yours	o vosso	a vossa	os vossos	as vossas
their, theirs	o seu	a sua	os seus	as suas

Since the forms **seu, sua, seus, suas** mean 'his, her/hers, their, theirs' as well as 'your, yours' (formal), to avoid ambiguity the forms **dele, dela, deles, delas** (literally 'of him', 'of her', 'of them') are often used instead. For example:

o seu lápis his/her/your pencil
o lápis dele his pencil
o lapis dela her pencil

as suas casas his/her/your/ their houses
as casas deles their houses
as casas dela her houses

You will have noticed that the **dele, dela, deles, delas** forms agree in number and gender with the subject noun ('he', 'she' etc), and also that they come after the object ('houses').

A possessive adjective is normally proceeded by a definite article, e.g. **o meu copo** ('my glass'), although in Brazilian Portuguese this is often omitted. The possessive pronouns (mine, yours, etc) do not usually have an article, e.g. **isto é meu** ('this is mine').

Unlike English usage, in Portuguese when there is no doubt about the ownership, the possessive adjective can be replaced with the definite article. A common instance is in referring to parts of the body or personal clothing.

For example:
Vou lavar as mãos. [voh ler-'vahr ersh 'mah-oonsh]
I am going to wash my hands.
Vista o casaco. ['vee-ster oo ker-'zah-koo]
Put on your coat.

Exercise 11

Translate the following:

1 Gosto muito da vossa casa.
2 Este é o seu copo e aquele é o dele.
3 A tua filha é muito simpática.
4 As nossas férias começam em junho.
5 A minha mulher chega sempre atrasada.
6 Vá lavar as mãos.
7 Vamos a casa deles.
8 Are these your suitcases?
9 My telephone is always out of order.
10 This is not mine.
11 I don't know their name.
12 Your (pl.) house is very far.
13 Our daughter is arriving tomorrow.
14 His friend (m.) is American.

VOCABULARY

gosto de ['goh 'sh-too de]	I like
copo ['koh-poo]	glass
filha ['feel-yer]	daughter
simpática [seen-'pah-tee-ker]	nice, charming
férias ['feh-ree-ersh]	holidays
começam [koo-'meh-sawn]	they begin
junho ['zhoon-yoo]	June
mulher [mool-'yehr]	wife
chega ['shay-ger]	arrives
atrasada [er-trer-'zah-der]	late (f. sing.)
avariado [er-ver-ree-'ah-doo]	out of order
não sei ['nah-oon say]	I don't know
o nome [oo 'noh-mer]	the name
longe ['lon-zhe]	far
amanhã [er-'mern-yahn]	tomorrow
amigo [er-'mee-goo]	friend
americano [er-me-ree-'ker-noo]	American (m. sing.)

16 CARDINAL NUMBERS

1	um (m.), uma (f.)	19	dezanove
2	dois (m.), duas (f.)	20	vinte
3	três	21	vinte e um/uma
4	quatro	22	vinte e
5	cinco		dois/duas
6	seis	23	vinte e três
7	sete	30	trinta
8	oito	40	quarenta
9	nove	50	cinquenta
10	dez	60	sessenta
11	onze	70	setenta
12	doze	80	oitenta
13	treze	90	noventa
14	catorze	100	cem
15	quinze	101	cento e um/uma
16	dezasseis	102	cento e
17	dezassete		dois/duas
18	dezoito		

120	cento e vinte
125	cento e vinte e cinco
200	duzentos (m.) duzentas (f.)
201	duzentos/as e um/uma
300	trezentos/as
400	quatrocentos/as
500	quinhentos/as
600	seiscentos/as
700	setecentos/as
800	oitocentos/as
900	novecentos/as
1000	mil
1100	mil e cem
1101	mil cento e um/uma
2000	dois/duas mil
100,000	cem mil
1,000,000	um milhão
2,000,000	dois milhões

IMITATED PRONUNCIATION (16)

(1–10) oo*n*, 'oo-me*r*, 'do'ish, 'doo-e*r*sh; traysh; 'kwah-tro; 'see*n*-koo; 'say'ish; sett; 'oh'it-too; 'noh've; daysh. (10–20) o*n*ze; dohze; 'tray-ze; ke*r*-'tor-ze; 'keen-ze; de-zer-'say'ish; der-zer-'sett; de-'zoh'it-too; de-zer-'noh've; 'vee*n*-te. (30-50) 'tree*n*-ter; kwer-'ren-ter, si*n*-'kwen-ter. (100, 200, 1000, 1,000,000) se*n*; doo-'ze*n*-toosh; meel; meel'yah-oo*n*.

Note that when 100 is used as a noun, it is **a centena**.
When 1000 is used as a noun, it is **um milhar**. Here are
a few examples of numbers in use:

Já te disse centenas de vezes.
I have told you hundreds of times.
Estamos em dois mil e dois.
We are in 2002.
**Quero dois selos; um de cinquenta e quatro
cêntimos e outro de quinze cêntimos.**
I would like two stamps; one of 54 centimes and the
other of 15 centimes.
O meu pai faz hoje sessenta anos.
My father is sixty years old today.
(Note the idiomatic use of the verb **fazer**.)
**Os nossos amigos chegam no dia vinte e oito de
maio.**
Our friends arrive (will arrive) on the 28th of May.
(Note that the date is expressed by a cardinal number,
'28', rather than an ordinal, '28th'.)
Há dois meses que não como carne.
I have not eaten meat for two months.
(Note idiomatic use of **há** – see section 6.)

16A ORDINAL NUMBERS

primeiro/a	1st
segundo/a	2nd
terceiro/a	3rd
quarto/a	4th
quinto/a	5th
sexto/a	6th
sétimo/a	7th
oitavo/a	8th
nono/a	9th
décimo/a	10th
décimo primeiro/a	11th
décimo segundo/a	12th
etc	
vigésimo/a	20th

trigésimo/a	30th
quadragésimo/a	40th
quinquagésimo/a	50th
sexagésimo/a	60th
septuagésimo/a	70th
octogésimo/a	80th
nonagésimo/a	90th
centésimo/a	100th
milésimo/a	1000th
milionésimo/a	1,000,000th

4

17 TELLING THE TIME

Que horas são? What time is it?

São onze horas em ponto.
It is 11 o'clock precisely.
São cinco e dez minutos.
It is ten past five.
São oito e meia.
It is half past eight.
São duas e vinte e cinco.
It is twenty-five past two.
São quatro e um quarto.
It is a quarter past four.
São vinte para as seis.
It is twenty to six.
Faltam vinte para as seis.
Colloquial, literally 'twenty missing out of six'
São seis menos vinte.
Literally 'six less twenty'.
São cinco e quarenta.
Literally 'five and forty'.
É uma hora.
It is one o'clock.
É meio dia.
It is midday.
É meia noite.
It is midnight.

Exercise 12

Translate the following:

1 Acabo o trabalho às seis horas.
2 Vamos passar quinze dias na praia.
3 Ela tem quatro irmãos.
4 O livro custa seis euros.
5 Este elevador leva só cinco pessoas.
6 Vou a Paris de quatro em quatro semanas.
7 Faço anos no dia 20 de setembro.
8 He begins his work at 8 o'clock.
9 She has two boys and three girls.
10 I write to my mother every five days.
11 He leaves on the 20th of May.
12 He has not worked for ten days.
13 I am thirty-five years old.
14 It is a quarter to six.

VOCABULARY

acabo [er-'kah-boo]	I finish
passar [per-'sahr]	to spend
custa ['koosh-ter]	costs
elevador [ill-ver-'dor]	lift, elevator
leva ['leh-ver]	it takes, carries
só [soh]	only
pessoas [per-'soh-ersh]	people
Paris [per-'reesh]	Paris
de quatro em quatro semanas [se-'mer-nersh]	every four weeks
faço anos ['fah-soo 'er-noosh]	my birthday is
começa [koo-'meh-ser]	he/she begins
escrevo [ish-'kre-voo]	I write
mãe [mah'en]	mother
trabalha [trer-'bahl-yer]	he/she works

domingo [doo-'mee*n*-goo] Sunday
segunda-feira [se-'goo*n*-der 'fay-re*r*] Monday
terça-feira ['tayr-ser fay-re*r*] Tuesday
quarta-feira ['kwahr-te*r*] Wednesday
quinta-feira ['keen-te*r*] Thursday
sexta-feira ['saysh-te*r*] Friday
sábado ['sah-be*r*-doo] Saturday

4

Hoje é domingo.
Today is Sunday.
Amanhã será segunda-feira.
Tomorrow will be Monday.
Depois de amanhã será terça-feira.
The day after tomorrow will be Tuesday.
Ontem foi sábado.
Yesterday was Saturday.
Anteontem (also: **antes de ontem**) **foi sexta-feira.**
The day before yesterday was Friday.

hoje à noite tonight
esta tarde this afternoon
esta manhã this morning
amanhã de manhã tomorrow morning
amanhã à noite tomorrow evening/night

daqui a quinze dias in a fortnight's time
na próxima semana next week
(also: **na semana que vem**)
no mês passado last month
véspera the day before

19 MONTHS OF THE YEAR/ MESES DO ANO

4

Janeiro [zher-'nare-roo] January
Fevereiro [fev-'rare-roo] February
Março ['mahr-soo] March
Abril [er-'breel] April
Maio ['mah-yoo] May
Junho ['zhoon-yoo] June
Julho ['zhool-yoo] July
Agosto [er-'goh'stoo] August
Setembro [se-'ten-broo] September
Outubro [oh-'too-broo] October
Novembro [noo-'ven-broo] November
Dezembro [de-'zen-broo] December

20 SEASONS OF THE YEAR, GOOD WISHES

as estaçoes do ano [ish-tah-'saw'insh] seasons of
   the year
a primavera [er pree-mer-'veh-rer] spring
o verão [oo ve-'rah'oon], **o estio**
   [oo ersh-'tee-oo] summer
o outono [oo oh-'toh-noo] autumn
o inverno [oo een-'vehr-noo] winter
a Consoada Christmas Eve
o Natal Christmas
a Véspera do Ano Novo New Year's Eve
Ano Novo New Year
a Quaresma Lent
a Páscoa Easter

Feliz Natal Happy Christmas
Ano Novo muito próspero Prosperous New Year
Páscoa feliz Happy Easter
Parabéns Happy Birthday (also: congratulations at a
   wedding, birth, etc)
Boa sorte Good luck
Felicidades Much happiness (also: Many Happy Returns)
Feliz aniversário Happy anniversary

Exercise 13

Translate the following:

1 Na próxima semana vou a casa da minha tia.
2 No mês passado o meu irmão foi para o Brasil trabalhar.
3 Os meus filhos chegam daqui a quinze dias.
4 Hoje à noite vamos ao teatro.
5 A primavera é a minha estação favorita.
6 Ontem esteve muito frio.
7 Depois de amanhã temos os resultados dos nossos exames.
8 I am going to spend Christmas with my friends in Lisbon.
9 This year I have no holidays.
10 She is going to spend summer in the Algarve.
11 Yesterday was hot.
12 My birthday is on Sunday.
13 Tomorrow morning I begin work.
14 July, August, and September are very hot months in Portugal.

VOCABULARY

foi [foh'e]	went
vamos ['ver-moosh]	we are going
esteve [ish-'tay-ve]	was
fez [faysh]	made/did
passar [per-'sahr]	to spend time
férias ['feh-re-ersh]	holidays
faço ['fah-soo]	I do/make
começo [koo-'meh-soo]	I begin
meses muito quentes	very hot months
['may-zesh 'mween-too 'ken-tesh]	

CONVERSATIONS

Three conversations about the time and weather

1   A Desculpe. Dizia-me por favor que horas
       são?
    B Desculpe, mas não lhe posso dizer as horas,
       porque o meu relógio está parado. Mas,
       oiça! Parece-me que o relógio da catedral
       está a dar horas.
    A Tem razão. Está, na verdade, a dar horas.
       São três horas.

2   A Estou muito preocupada.
    B Então porquê?
    A Já são seis e vinte e o meu marido ainda
       não chegou. Está sempre atrasado.
    B Não estou de acordo. No meu relógio tenho
       seis e um quarto. O seu relógio deve estar
       adiantado.
    A Não pode ser; o meu relógio está sempre
       certo. Além disso ouvi, ainda há pouco, as
       notícias das dezoito horas (18.00).
    B Nesse caso é o meu que não está a trabalhar
       bem. Mas, quanto ao seu marido, – não se
       esqueça que é a hora de ponta* e que é
       sexta-feira.
    A Já se faz tarde para o teatro. Há que
       tempos que eu ando a tentar arranjar
       bilhetes. Finalmente consegui. Mas, esta
       noite o espectáculo começa às sete e
       quinze.
    B Ainda tem tempo. Olhe, aqui vem o seu
       marido.
    A Ainda bem!
       *In Brazil: a hora do rush

3   A Você acha que faz calor de mais no Algarve
       em junho?
    B Não. Creio que ainda é suportável, e as

praias não têm tanta gente como nos
outros meses do verão. Eu confesso que
prefiro ir para o sul da Europa no outono.
Não aguento o calor. E em outubro e
novembro ainda há muito sol em Portugal
mas não faz tanto calor.

A Eu só posso ter férias em junho; e além
disso dou-me muito bem com o calor.
Detesto a chuva, o vento e o frio.

B Eu também.

TRANSLATION

1 A Excuse me. Would you please tell me what time
it is?

B I'm sorry, but I can't tell you the time because
my watch has stopped. But listen – I think that
[literally 'it seems to me that'] the cathedral
clock is striking.

A You're right. It is indeed striking. It's three
o'clock.

2 A I'm very worried.

B Yes, why?

A It's already twenty past six and my husband
hasn't arrived yet. He's always late.

B I don't agree. My watch says [literally 'on my
watch I have'] a quarter past six. Your watch
must be fast.

A It can't be. My watch is always right. Besides, I
heard the six o'clock news on the radio a while
ago.

B In that case, it's mine that's not working [well].
But, about your husband – don't forget it's the
rush hour and that it's Friday.

A It's getting late for the theatre. I've been trying
to get tickets for ages. Finally I got them
[literally 'I succeeded']. But tonight the show
starts at 7.15.

B You still have time. Look – here comes your husband.
A Thank goodness! [Just as well!]

3   A Do you think it's too hot in the Algarve in June?
       B No. I believe that it's still bearable, and the beaches don't have as many people as in the other summer months. I must say [I confess] I prefer to go to the south of Europe in the autumn. I can't bear the heat. And in October and November it's still very sunny in Portugal [literally 'there is still much sun'], but it's not so hot [literally 'it does not do so much heat'].
       A I can only have [my] holidays in June; and besides I like [literally 'I get on with'] the heat. I hate the rain, wind, and cold.
       B Me too. ['I also.']

VOCABULARY

For conversation 1

*dizia-me [dee-'zee'er-me]	would you/did you tell me?, were you telling me?
oiça ['oh'e-ser]	listen/hear (imperative of ouvir to hear)
parece-me [per-'reh-se-me]	it seems to me, it appears
dar horas [dahr 'oh-rersh]	to strike the hour (to give hours)
na verdade [ner ver-'dah-de]	indeed, in fact, in truth

*This is the imperfect tense of the verb dizer [dee'zayr] to say, to tell. In Portuguese this tense is often used instead of the conditional.

For conversation 2

estou muito preocupada [pry'oh-koo-'pah-der]	I am very worried
ainda não chegou ['she-go]	not yet arrived
estou de acordo [ish-'toh der-'kohr-doo]	I agree
não pode ser	it cannot be
além disso [ah-'len 'dee-soo]	besides that, besides
ainda há pouco [er-'een-der ah 'po-koo]	a while ago
nesse caso ['eh-se 'kah-zoo]	in that case
quanto a	as to, as for, regarding
não se esqueça ['nah'oon s'ish-'keh-ser]	do not forget
hora de ponta/hora de movimento ['pon-ter/moo-vee-'men-too]	rush hour
já se faz tarde [zhah se fahsh 'tar-de]	it is becoming late
há que tempos [ah ke 'ten-posh]	for ages
ando a tentar	I have been trying

ainda tem tempo	you still have time, you are still in time
ainda bem	thank goodness

For conversation 3

não aguento [er-'gwen-too], **não suporto** [soo-'pohr-to]	I can't bear, I can't stand
deu-me muito bem com ['do-me moo'in-too ben]	I get on very well with/in
posso ['poss-soo]	I can
eu também	so do I (I also)

OTHER VOCABULARY

relógio [re-'loh-zhe'oo]	watch, clock
atrasado [er-trer-'zah-doo]	slow, late
adiantado [er-dy'an-'tah-doo]	fast
certo ['sehr-too]	right, correct
arranjar [er-'ran-jahr]	to get, obtain, arrange
bilhetes [bee-'yeh-tesh]	tickets
finalmente [fee-nahl-'men-te]	finally, at last
consegui past tense of **conseguir**	to succeed, to manage, to achieve, to be able to
espectáculo [ish-peh-'tah-koo-loo]	show
acha? ['ah-sher]	do you think?
gente* ['zhen-te]	people

*Note that **gente** is singular in form and requires a singular verb although it is translated by an English plural, 'people'. For example: **a gente é** = the people are. Colloquially, **gente** + third person singular of the verb has come to mean 'we'. Thus, **a gente é** = **nós somos.**

From now on, there will not be a full translation of the conversations; only new expressions and words will be translated. The imitated pronunciation will also be discontinued.

Practice 4

Study the following piece and its vocabulary list, then answer the questions in the exercise.

DIALOGUE

No banco

SR JONES Bom dia!

EMPREGADO Muito bom dia. Faz favor!

SR JONES Queria abrir uma conta, por favor.

EMPREGADO Muito bem. Conta a prazo ou à ordem.

SR JONES Queria uma à ordem agora e mais tarde a prazo.

EMPREGADO A taxa de juros agora está muito boa ...

SR JONES Sim?

EMPREGADO O senhor é residente em Portugal?

SR JONES Sim, decidi viver neste lindo país de que gosto muito.

EMPREGADO Ainda bem! Faça o favor de preencher este impresso com o seu nome e morada nesta cidade e a sua última na Inglaterra; o nome do seu banco naquele país e o número da sua conta lá para obtermos referências. E, finalmente, a sua assinatura aqui em baixo.

SR JONES Aqui está o impresso com todos os pormenores e devidamente assinado. Preciso de dinheiro. Posso trocar as minhas libras aqui ou tenho de ir para aquela fila?

EMPREGADO Não, pode trocar aqui.

SR JONES A como está o câmbio da libra esterlina?

EMPREGADO A libra esterlina agora está mais baixa em relação ao Euro. Está a sessenta e quatro cêntimos. Aqui tem a sua ficha, número 41. Faça o favor de ir ali à Caixa no. 3 e esperar que chamem o seu número para receber o dinheiro.

queria	I would like (**queria** = the imperfect tense of **querer** to want, often used in place of the conditional)
muito bem	very well
a prazo	deposit account
à ordem	current account (f.)
(in Brazil: **conta corrente**)	
mais tarde	later (on)
Sim?	Yes? (Really?)
a taxa de juros	the interest rate
muito boa	very good (f.)
decidi	I decided
viver	to live
país	country
de que gosto muito	that I like so much
Ainda bem!	So glad! (also means 'thank goodness' and, by changing intonation, 'just as well')
prencher este impresso	to fill in this form
última	last (one)
lá	there (over there)
para obtermos	so that we get
finalmente	finally
assinatura	signature
aqui em baixo	down here (at the bottom)
todos os pormenores	all the details
devidamente assinado	duly signed
preciso de dinheiro	I need money
posso trocar as minhas libras?	can (may) I exchange my pounds?
ou	or
ir	to go
fila	queue
a como está o câmbio?	what (how much) is the rate of exchange?

ficha	here: a numbered chip or token
número	number
caixa	cash desk/window
esperar	to wait
que chamem	that they call
receber	to receive

PRACTICE EXERCISE 4

See how well you can recall the dialogue at the bank, by completing the following sentences. Check the text 'No Banco' to see which words you should have put in the spaces:

1 Queria … uma ….

2 Conta a … ou … …?

3 A taxa de … agora … … ….

4 Sim, decidi … neste … … de que … ….

5 Faça o favor de …este … com o seu nome e … nesta … e a sua … na Inglaterra; o … do seu banco … país e o … da sua conta … para … … É, finalmente, a sua … aqui … ….

6 Aqui está o … com … … … e devidamente … … de dinheiro. Posso … as minhas libras … ou … … … para … …?

7 A … está o câmbio da … …?

8 A libra hoje está … … Aqui … a sua …, número 41. Faça o favor … … ali à … 3 e esparar que … o seu … para … o dinheiro.

Week 5

- *feminine and plural forms of nouns and adjectives*
- *the past definite tense (simple past), in the three regular conjugations*
- *giving commands (polite imperative), in both regular and irregular verbs*
- *useful verbs: 'andar' and 'ficar'*

21 FORMING THE FEMININE

As we have seen in week 1, nouns and adjectives are either masculine or feminine. You have learnt in general how to identify them and how to change from one gender to the other where applicable.

For example:
o gato, a gata cat
o velho, a velha old man, old woman
António, Antónia
pintor, pintora painter
francês, francesa French
espanhol, espanhola Spanish
alemão, alemã German

Now we need to look at some of the many variants and exceptions to this pattern.

Firstly, there are certain nouns, chiefly of Greek origin, which end in **a** but are masculine.

For example:
o tema the theme
o sistema the system
o clima the climate
o telefonema the telephone call
o quilograma the kilo
o panorama the panorama, view
o poeta the poet
o dia the day
o mapa the map

But the noun **criança** ('child') is always preceded by the feminine article (**a criança**) and refers to both sexes.

Nouns and adjectives ending in **e**, in general do not alter; only the preceding article changes according to the gender:

o estudante, a estudante the student m. & f.
o lápis verde the green pencil
a caneta verde the green pen
um quarto grande a large bedroom
uma sala grande a large sitting-room

But **gente** (people) is always preceded by the feminine article, and is singular – as mentioned in week 4.

Nouns and adjectives ending in **-ista** refer to both genders but their preceding article changes accordingly:

o pianista, a pianist a male pianist, female pianist
o artista, a artista performer
o telefonista, a telefonista switchboard operator
o vigarista, a vigarista crook, swindler
comunista, fascista, etc

Adjectives ending in a consonant generally remain unchanged:

um homem agradável a pleasant man
uma mulher agradável a pleasant woman
o rapaz está feliz the boy is happy
a rapariga está feliz the girl is happy
uma lição simples an easy lesson
um caso simples a simple case

-eu usually changes to **-eia**. For example: **Europeu, Europeia**

Some nouns ending in **-or** change to **-riz**:
a(c)tor, a(c)triz actor, actress
embaixador, embaixatriz ambassador, ambassador's wife

Other **-or** words have an **a** added to the **r**. For example:

embaixadora ambassadress
encantador, encantadora charming man/woman

Adjectives which end in **-u** (not **-eu**) form their feminine by adding **a**. For example:

cru, crua raw, uncooked (m. & f.)
nu, nua naked, bare (m. & f.)

Nouns ending in **-ão** generally lose the **-o** in the feminine. Some irregular nouns, however, change to **-ona**, while **cão** is an exception to any rule:

comilão, comilona glutton (m. & f.)
mandrião, mandriona lazy (m. & f.), lazy man/woman
cão, cadela dog, bitch

Irregular adjectives include:

mau, má bad (m. & f.)
bom, boa good (m. & f.)
dois, duas two (m. & f.)

In many nouns the feminine is altogether different from its masculine counterpart. For example:

poeta, poetisa poet, poetess
pai, mãe father, mother
avô, avó grandfather, grandmother

Exercise 14

Fill in the blanks:

1 Hoje o tempo está .... (bad)
2 Ela é uma ... . (good secretary)
3 Não sei onde está ... ... (my French map)
4 ... ... (My sister) é mais ... (old) do que eu.
5 ... ... (My friend, f.) é ... (Spanish) mas o marido dela é .... (English)
6 É uma ... ... (good thing) que você faz.
7 Há ... ... (many pleasant people) neste mundo.
8 O meu colega está muito ... (happy) no Brasil.
9 É uma instituição .... (European)
10 A mãe da minha amiga é ... .(a poet)
11 Tenho um ... ... (large green car)
12 Meu primo é um ... ... (good writer) e a mulher dele é também .... (writer)
13 O António é um ... . (Portuguese journalist)
14 Esta galinha está .... (uncooked)

VOCABULARY	
tempo	weather
secretária	secretary (f.)
não sei	I don't
coisa	thing
simpático	pleasant
contente	happy
neste mundo	in this world
escritor	writer (m.)
primo	cousin (m.)
jornalista	journalist
galinha	chicken

5

As seen in week 1, the general rule is to add an **s** to nouns and adjectives ending in a vowel in order to form the plural, and **es** to those that end in **r**, **s**, **z**.

For example:
casa becomes **casas**
amante becomes **amantes** (lovers)
feliz becomes **felizes**
flor becomes **flores**
francês becomes **franceses**

Please note: nouns and adjectives ending in **-ês** lose their accent in the plural.

Nouns and adjectives ending in **-m** change **-m** to **-ns** in the plural.

For example:
o homem becomes **os homens** (the man, the men)
a viagem becomes **as viagens** (the journey, the journeys)

Nouns and adjectives ending in **-al**, **-el**, **-ol**, **-ul** change **-l** to **-is** in the plural.

For example:
a capital becomes **as capitais** (the capital, the capitals)
espanhol becomes **espanhóis** (Spanish)
o papel becomes **os papéis** (the paper, the papers)
azul becomes **azuis** (blue)

When the noun ends in **-el** or **-ol** in the singular it will have an acute accent in the plural, for phonetic reasons. There's a change of sound, too, affecting a number of masculine words with **o** in the last-but-one syllable; this letter has a closed sound in the singular but opens in the feminine and plural:

formoso [foor-'mor-soo]**, formosa, formosos**
[foor-'moh-ser, foor-'moh-soosh]

You will come across a few nouns and adjectives which end in **-s** in the singular; they will be the same in the plural:

um lápis (pencil) becomes **dois lápis**
um caso simples (simple) becomes **uns casos simples**

Those ending in **-il** form their plural in two different ways, depending on whether the **-il** is stressed or not: Stressed **-il** is changed to **-is**. For example:

civil becomes **civis**

Unstressed **-il** is changed to **-eis**. For example:

fácil becomes **fáceis**

Nouns and adjectives ending in **-ão** form the plural in one of three ways, as follows:

-ão to **-oes**
This is the most commonly-found method of changing -ão words into the plural. For example:

o limão lemon, becomes **os limões**
a lição lesson, becomes **as lições**
o leão lion, becomes **os leões**

-ão to **-ães**
The most commonly used nouns following this rule are:

o capitão captain, becomes **os capitães**
o alemão German, becomes **os alemães**
o cão dog, becomes **os cães**
o pão loaf of bread, becomes **os pães**

-ão to **-ãos**
There are very few examples of this type. The most important are the following:

o irmão brother, becomes **os irmãos**
a mão hand, becomes **as mãos**

o cristão Christian, becomes **os cristãos**
o órfão orphan, becomes **os órfãos**
o cidadão citizen, becomes **os cidadãos**

Note that in Portuguese, a masculine plural can include both sexes. For example, **pais** can mean 'fathers', but frequently means 'parents'. Similarly, **filhos** can mean 'sons' but also means 'children'; **tios** can mean 'uncles' but also 'uncle and aunt'; and so on.

Exercise 15

Translate the following:

1 Two sitting-rooms.
2 My brother and sister.
3 The flowers are beautiful.
4 These problems are difficult.
5 In the summer, there are many people on the beaches.
6 Three English students.
7 Four sheets.
8 My friends (m. & f.) are very kind.
9 I do not know these men.
10 The German children do not like the dogs.
11 I buy five loaves of bread every day.
12 She likes all animals.
13 My sister has blue eyes.
14 I have dirty hands.
15 These lemons are good.
16 My parents are always so happy.

VOCABULARY

sala /sala de estar	sitting room
linda	pretty, beautiful
problema	problem
praias	beaches
lençol	sheet
amável	kind
não conheço	I do not know
crianças (f.)	children
todos	all
olhos	eyes
sujas	dirty
saúde	health
tão	so, as
gostar de	to like

23 THE PAST DEFINITE

The past definite ('I spoke', 'I have spoken', 'I did speak')
of the three regular conjugations is formed by adding the
following terminations to the stem of the verb:

	falar	comer	abrir
	to speak	to eat	to open
eu	falei	comi	abri
tu	falaste	comeste	abriste
ele, ela, você	falou	comeu	abriu
nós	falámos	comemos	abrimos
eles, vocês	falaram	comeram	abriram

Exercise 16

Translate:

1 Ontem recebi uma carta da minha amiga.
2 Nós gostámos muito da sua casa.
3 Na semana passada visitámos uma escola muito moderna.
4 Eles partiram para o Brasil.
5 Vocês já venderam a vossa casa?
6 Não, ainda não vendemos a nossa casa.
7 Eles ainda não escreveram.
8 I did not understand.
9 What did they drink?
10 I have already eaten.
11 When did they leave?
12 At what time did the train leave?
13 We did not open the window.
14 He did not eat last night.
15 Did you (informal) speak to your mother?
16 I met (knew) your brother in Lisbon.

5

VOCABULARY

beber	to drink
já	already
a que horas	at what time
chegar	to arrive
janela	window
ontem à noite	last night
mãe	mother
conhecer*	to know, meet
Lisboa	Lisbon

*The verb **conhecer** – to know – is used in Portuguese to express the English verb 'to meet' in situations where it means 'to meet someone for the first time' – on being introduced, for example. In other situations, the verb 'to meet' is normally **encontrar**. See further explanation in section 25.

24 THE IMPERATIVE

The Portuguese imperative has in practice only two persons: **tu** (you familiar) and **vós** (you pl. formal, no longer in general use):

	falar	**comer**	**abrir**
	to speak	to eat	to open
(tu)	**fala**	**come**	**abre**
(vós)	**falai**	**comei**	**abri**

For the imperative with other persons – **você, o senhor, a senhora** (you singular), **vocês, os senhores, as senhoras** (you plural), and **nós** (we) – the present subjunctive is used.

	falar	**comer**	**abrir**
you sing.	**Fale** Speak!	**Coma** Eat!	**Abra** Open!
you pl.	**Falem** Speak!	**Comam** Eat!	**Abram** Open!
let us ...	**Falemos**	**Comamos**	**Abramos**

The subjunctive is also used for the imperative of the familar **tu** in the negative. For example:

Não fales tanto Don't talk so much!
Não faças isso Don't do that!

IRREGULAR VERBS

With certain exceptions, the command form of irregular verbs is formed from the stem of the first person singular of the present indicative plus the endings that you can see in the following table of common irregular verbs:

	ver	**trazer**	**fazer**	**dar**
	to see	to bring	to do	to give
you sing.	**Veja**	**Traga**	**Faça**	**Dê**
you pl.	**Vejam**	**Tragam**	**Façam**	**Dêem**
let us ...	**Vejamos**	**Tragamos**	**Façamos**	**Dêmos**

	dizer	ser	estar	querer
	to say	to be	to be	to want
you sing.	Diga	Seja	Esteja	Queira
you pl.	Digam	Sejam	Estejam	Queiram
let us …	Digamos	Sejamos	Estejamos	

	ter	vir	ir	pôr
	to have	to come	to go	to put
you sing.	Tenha	Venha	Vá	Ponha
you pl.	Tenham	Venham	Vão	Ponham
let us …	Tenhamos	Venhamos	Vamos	Ponhamos

As you will have been able to deduce (from the table of regular verbs on the preceding page), **veja**, **vejam**, **vejamos**, **traga**, **tragam**, **tragamos**, etc mean 'see!', 'bring!', 'let's see', 'let's bring', and so on.

Exercise 17

1 Venha cá.

2 Fale devagar.

3 Não faça barulho.

4 Vá por ali.

5 Não seja tonto.

6 Esteja quieto.

7 Traga a lista dos vinhos.

8 Speak slowly.

9 Let us open the window.

10 Shut (pl.) the door.

11 Do not eat (pl.) so quickly.

12 Let us see …

13 Come (pl.) at once.

14 Let us go.

15 Do not speak (pl.) so loudly.

16 Don't say anything.

VOCABULARY

cá	here
devagar	slowly
barulho	noise
por ali	that way, over there
tonto	silly
quieto	still
lista de vinhos	wine list
fechar	to close
tão depressa	as quickly
já	already, at once, straight away
nada	nothing, anything
ali	there
por ali	over there, that way, through there
alto	loud, loudly, high, tall

5

24A USEFUL VERBS: 'ANDAR' AND 'FICAR'

Apart from **ser/estar** there are other ways of saying 'to be' in Portuguese. One example is **andar**, an auxiliary verb which basically means 'to go' or 'to walk'. This requires some explanation. You must think of it as the verb of 'movement' not only in respect of space but also of time. So, when it is used instead of **estar**, it conveys the idea of 'going on' doing something over a certain period of time. For example:

ando a tentar I have been trying (over a certain period)
ela anda grávida she is pregnant

andar is used for many types of transport and movement, as for example:

andar a pé	to walk
andar a cavalo	to ride/go on horseback
andar de aviao	to fly
andar de barco	to go by boat
andar de comboio	to go by train
andar de carro	to drive/go by car

Ficar is another auxiliary verb which can mean 'to be' but which is employed in a different way. It basically means 'to stay' or 'to remain'. Use it for location:

Onde fica o Centro de Turismo?
Where is the Tourist Office?
(In this case you could equally well use either **estar** or **ser**.)

Ficar is preferred to **estar** in expressions of emotion resulting from some news:

Fiquei tão contente ao ler a tua carta.
I was (became) so pleased/happy when I read your letter.

Note also:

Fico à espera de tua resposta.
I await (remain waiting for) your reply.
Vou ficar naquela casa.
I am going to stay in that house.

ficar com – to keep, to have:

Fico com as chaves.
I'll keep the keys.
Fico com este.
I'll have this one.

ficar bem/mal – to suit/not to suit, to pass or not in an exam:

Esta cor fica-lhe bem.
This colour suits you.
Ela ficou bem no exame.
She passed the exam.
Ela ficou mal no exame.
She failed the exam.

CONVERSATION

Um emprego em Moçambique/A job in Mozambique

LUISA A sua irmã Ann sempre conseguiu o tal emprego em Moçambique?

JANE Sim, recebeu a resposta há duas semanas, depois de muitas entrevistas e de esperar seis meses. Está nas suas sete quintas, porque já desesperava de ser aceite. O ordenado é bom, mas o que mais lhe agrada é a oportunidade de conhecer um país en vias de desenvolvimento.

LUISA Que género de trabalho é? Não me lembro do que ela me disse.

JANE Ela vai ensinar matemática numa escola secundária. Aparentemente há lá falta de professores. Já está tudo arranjado. Só falta o visto. Você sabe que ela vai primeiro a Lisboa por dois meses em curso de férias, com todas as despesas pagas?

LUISA Não, não sabia nada disto. Que bom!

JANE É verdade. Tanto mais que o noivo também tem esperanças de ir para lá. Precisam de engenheiros civis. Ele respondeu a um anúncio e agora está à espera de resposta. Tanto ele como a Ann querem conhecer a África.

LUISA Mas ele fala português?

JANE Fala sim, e fluentemente. Ele tirou um curso de português há anos, e depois esteve a trabalhar em Lisboa uns anos.

LUISA E quando se casam?

JANE Tencionam casar-se daqui a dois anos se tudo correr bem.

LUISA Quando parte a Ann para Lisboa?

JANE Na próxima quinta-feira, no voo da TAP-Air Portugal. Oxalá não haja nevoeiro ou greves.

LUISA Vou telefonar-lhe esta noite a desejar-lhe boa sorte. Adeus, até à vista.

VOCABULARY

tal	such, that, the said …
receber	to receive
conseguir	to get, to obtain
conseguir + infinitive	to manage to …, to succeed in …
sempre	always, after all, in the end, finally
sempre conseguiu (idiomatic use of **sempre**)	she obtained in the end
responder	to reply
resposta	an answer, a reply
há duas semanas	two weeks ago
há anos	years ago
(see idiomatic uses of **haver** in week 1, section 6)	
depois de	after
entrevista	interview
quinta	farm
Está nas suas sete quintas.	She is in her seventh heaven/ over the moon. (lit. 'She is in her seven farms.')
desesperar de	to despair, to give up hope of
aceitar	to accept
ser aceite	to be accepted
ordenado	salary
agradar	to please
o que mais lhe agrada …	what pleases her most …
país/países en via de desenvolvimento	developing country/ countries
género	type, kind
lembrar-se de	to remember
ensinar	to teach
escola secundária	secondary school
faltar	to be lacking, to be missing
falta	shortage
Há lá falta.	There is a shortage over there.

arranjar	to arrange, to get
Já está tudo arranjado.	Everything is already arranged.
visto	visa
curso de férias	summer (holiday) course
despesas	expenses
todas as despesas pagas	all expenses paid
saber	to know
Não sabia nada disto.	I didn't know anything about it.
Que bom!	How marvellous!
verdade	truth
É verdade.	That's right. That's so.
tanto mais	besides, moreover, particularly as
noivo	fiancé, bridegroom
noiva	fiancée, bride
esperança	hope
precisar de	to need
engenheiros civis	civil engineers
anúncio	advertisement
Tanto ele como a Ann ...	Both he and Ann ...
uns anos	a few years, for a few years
(see uses of indefinite article in week 1, section 3)	
tencionar + infinitive	to intend to
casar-se	to marry, to get married
daqui a dois anos	in two years from now
correr	to go, to proceed, to run
se tudo correr bem	if all goes well
voo	flight
Oxalá ... Oxalá não ...	I do hope ... I hope not ...
(This idiomatic expression derives from the Arabic 'Insh' Allah', meaning 'God willing'.)	
nevoeiro	fog
greve	strike
desejar	to wish
Adeus	Goodbye
Até à vista.	'Bye for now, see you, etc

Practice 5

Problemas con telefones

A Joana entra nos Correios para fazer uma chamada telefónica.

JOANA	Faz favor! Quero fazer um telefonema.
EMPREGADA	Cabine número três está livre. Faça favor!
JOANA	Quanto custa uma chamada para o Norte?
EMPREGADA	É o mesmo para todo o país. A sua chamada depende dos impulsos que gastar. [Joana marca o número mas não consegue ligação. Ela telefona às Reclamaçoes.]
TELEFONISTA	Reclamações!
JOANA	Ó minha senhora, não consigo obter sinal do número que desejo.
RECLAMAÇÕES	Não estará impedido?
JOANA	Não, a linha parece estar morta.
RECLAMAÇÕES	Um momento que vou verificar. Não desligue. Qual é o número que pretende?
JOANA	54-0345.
RECLAMAÇÕES	Falta um algarismo. Depois do indicativo 54 tem que ter cinco algarismos. É melhor dirigir-se às informações através do número 118.
INFORMAÇÕES	Informações!
JOANA	Preciso de verificar o número do telefone de uma amiga minha.
INFORMAÇÕES	Qual é o nome?
JOANA	Rita Martim.
INFORMAÇÕES	Martins?
JOANA	Não, Martim, sem 'S'.
INFORMAÇÕES	Morada?
JOANA	Rua do Torto, número dezasseis.
INFORMAÇÕES	Rua do Porto, no. 16.
JOANA	[desperada] Não, minha senhora … do Torto. 'T' como em tonta.
INFORMAÇÕES	Pronto! Já compreendi. Não se aflija!

VOCABULARY

entra	goes in
correios	post, post-office
um telefonema, uma chamada telefónica	a phone call
empregada	clerk; employee
cabine	booth
é o mesmo	it's the same
o Norte	the North
impulsos que gastar	the units you spend
marca	dial (verb **marcar**)
ligação	connection
não consegue	she doesn't succeed (verb **conseguir**)
Reclamações!	Operator! (lit. complaints)
telefonista	telephonist, operator
consigo	I'm succeeding (verb **conseguir**)
obter	to obtain
que desejo	that I want/wish
sinal	tone; sign
não estará impedido?	it might be engaged
a linha parece estar morta	the line appears to be dead
vou verificar	I'm going to check
não desligue	don't ring off; don't put the phone down
que pretende	that you want
falta um algarismo	a digit is missing; you are short of a digit
depois do indicativo	after the code number
é melhor	it is better
dirigir-se às ...	to contact the ...
Informações	Enquiries
através de (o)	through, via
verificar	to check
pronto	O.K.
já compreendi	I have understood; I've got it
não se aflija	don't worry; don't get nervous
tonta (in Brazil: **bôba**)	idiot

PRACTICE EXERCISE 5

Please answer the following questions. Check your answers by referring to the preceding dialogue:

1 Qual é o número da cabine que está livre?
2 Quanto custa uma chamada para o Norte?
3 De que depende o custo (the cost)?
4 Ela consegue fazer a ligação?
5 Repita o que Joana disse às Reclamações.
6 Não estará impedido?
7 Qual é o problema com o número da Joana?
8 Qual é o consehlo (advice) que as Reclamações lhe dão?
9 De que precisa a Joana?
10 A amiga dela chama-se Martins?
11 Qual foi a resposta (reply, answer) mordaz (sharp) que Joana deu?
12 Que respondeu (replied) a telefonista?

Week 6

- the imperfect or past continuous tense ('used to do', 'was doing')
- ways of saying 'know', 'play', and 'take'
- some mealtime vocabulary
- adverbs of place: here, there
- more on personal pronouns (me, myself, you, yourself, etc)

25 THE IMPERFECT TENSE ('USED TO DO', 'WAS DOING')

Sometimes called the past continuous, this is the tense used to express what was happening or used to happen in the past – during the past. In the imperfect the action is incomplete or interrupted, unlike the past definite. It is also the tense of description in the past.

It is one of the easiest tenses to form, since all verbs (regular and irregular) have one of two sets of endings. The first group consists of all verbs ending in **-ar**. In this, the imperfect tense ends in **-ava**, etc. In the second group, verbs ending in **-er** and **-ir**, the imperfect ends in **-ia**, etc.

	falar to speak	**comer** to eat	**abrir** to open
eu	falava	comia	abria
tu	falavas	comias	abrias
você	falava	comia	abria
ele, ela	falava	comia	abria
nós	falávamos	comíamos	abríamos
vocês	falavam	comiam	abriam
eles, elas	falavam	comiam	abriam

There are only four exceptions in the second group:
ter (to have) **tinha, tinhas, tinha, tínhamos, tinham**
vir (to come) **vinha, vinhas, vinha, vínhamos, vinham**
pôr (to put) **punha, punhas, punha, púnhamos, punham**
ser (to be) **era, eras, era, éramos, eram**

Sentences illustrating the imperfect tense:

Era uma vez ...
Once upon a time ... (It was a time ...)

Estava ao telefone quando ele entrou.
I was on the phone when he came in.
('He came in' is the past definite as his action is complete; mine, on the other hand, was interrupted.)

Quando era pequena, brincava com as tuas bonecas.
When I was a child I played (used to play) with your dolls.

Ela jogava ténis todas as manhãs.
She played tennis every morning. (habitual action)

Ela nunca comia bolos.
She never used to eat cakes.
But
Ela nunca comeu bolos.
She has never eaten cakes.

The imperfect is frequently used in place of the conditional. For example, 'I would like to have ...' is expressed by **gostava de ter ...** instead of **gostaria** (see also section 32).

25A WAYS OF SAYING 'KNOW', 'PLAY', 'TAKE'

1 Portuguese has two verbs for 'to know', **conhecer** (= to be acquainted with) and **saber** (= to have knowledge, to know how to).

Não sabia se vinham.
I did not know whether they were coming.

Conhecia-os bem há muito tempo.
I used to know them well a long time ago.

In English we say 'Can you swim?', but in Portuguese **Sabe nadar?** (= 'Do you know how to swim?'). If you were to say **Pode nadar** for 'I can swim', it would imply that you had permission to do so. **Não posso nadar** means 'I am not allowed to swim' (or that I cannot, due to some physical condition).

conhecer also means 'to meet' (for the first time):

Conheci-os o ano passado.
I met them last year.
(Notice the use of the past definite.)

2 'To play' can be translated in a variety of ways in Portuguese, depending on the context. The verb **brincar** is used when you want to talk about playing with toys, playing with children, or teasing. **jogar** is the verb to use for playing games or sports, while **tocar** means to play music – or to ring a doorbell. (Coupled with the preposition **em**, **tocar** means 'to touch'.) **desempenhar** (**um papel**) means 'to play (a role)'. Here are some examples:

Ela brinca no jardim.
She is playing in the garden.
Não ligues nenhuma, ele está a brincar contigo.
Don't pay any attention, he is teasing you.
Jogo as cartas.
I play cards.
Ela toca guitarra.
She plays the guitar.
O actor desempenhou o papel de Otelo muito bem.
The actor played the part of Othello very well.

3 Several Portuguese words are used where we say 'take'.
tomar to take (i.e. ingest) food, drinks;
to touch, seize, grasp (with your hands);
to take (i.e. go by) a bus, train;
to take a bath.

Eu tomo o autocarro (Brazil: **eu pego o ônibus)**
às 9 horas.
I take the bus at 9 o'clock.

levar   to take (in the sense of carrying);
to take (in relation to time);
idiom: to charge (money).

Levo estas malas comigo.
I take these suitcases with me.
O avião leva duas horas daqui para Lisboa.
The plane takes two hours from here to Lisbon.
Quanto me leva você por isto?
How much will you charge me for this?

tirar   to take away, out, from;
to take off, remove;
to take photos, a course, an exam, a copy.

Ele tirou o casaco.
He took his coat off.
Ela tirou-me a escova do cabelo.
She took my hairbrush away.
Você tira muito boas fotografias.
You take very good photos.
But
O avião levanta voo (Brazil: **vôo).**
The plane takes off.

levar (to take), **trazer** (to bring), **ir** (to go), **vir** (to bring):
You are likely to feel confused about 'coming' and 'going'.
Remember that **levar** and **ir** (lit. to take, to go) refer to
the place away from the speaker and not to the person
you are addressing, while **trazer** and **vir** (lit. to bring, to
come) refer to the speaker. Thus, it is not 'I am coming to
your house to bring flowers' but '**vou** (I'm going) **a sua**
casa para levar (to take) **flores**'.

Exercise 18

Translate the following:

1 Quando era criança aprendia tudo mais facilmente.
2 Eu antes comia muito, mas agora não.
3 Íamos todos os dias à praia.
4 Ontem fomos ao campo.
5 Era debaixo desta árvore que eu costumava sentar-me.
6 Que estava você a fazer?
7 Eu estava a tomar banho.
8 What time did you take your breakfast?
9 Would you please tell me where the bus-stop is?
10 I learnt that your brother was going to Africa. Is it true?
11 It was raining cats and dogs when we went out.
12 He was listening while I was speaking.
13 I was already eating.
14 Last night I had dinner (dined) with my mother-in-law.

6

VOCABULARY

aprender	to learn
tudo	everything
facilmente	easily
antes	before
agora não	not now
fomos	we went (past def. of the verb **ir**)
campo	country, countryside, field
debaixo	under, underneath
costumava	I used to, I was in the habit of
sentar-se	to sit down
a tomar banho	to take a bath
paragem do autocarro	bus-stop
É verdade?	Is it true?
chover	to rain
a cântaros	(raining) 'cats and dogs'
enquanto	while
sair	to go out
ouvir	to listen
sogra	mother-in-law

26 MEALS/ REFEIÇÕES

o **pequeno-almoço** breakfast (in Brazil: **café da
    manhã**)
o **almoço** lunch
o **lanche** tea-time; also **a merenda**
o **jantar** dinner
a **ceia** supper

and their respective verbs:

tomar o pequeno-almoço to take breakfast
almoçar to take lunch
lanchar to take mid-afternoon tea
jantar to dine

6

27 ADVERBS OF PLACE: HERE, THERE

aqui, cá here (practically no difference between these,
             but **cá** tends to be used more idiomatically)
ali   there (you can see it)
lá   there (you don't have to see it; it is also
             employed in a more idiomatic sense)
aí   there (is close to the person you're speaking
             to; it can also mean 'somewhere there')
acolá   there (further than **ali** - 'over there', 'yonder')

Observe the following examples:

Estou aqui há muito tempo.
I have been here for a long time.
Cá estou a escrever-te ...
Here I am writing to you ...
Venha cá! (also: **Venha aqui!**)
Come here!
O meu irmão está ali.
My brother is there (pointing to the place).
Como estava o tempo lá?
How was the weather there? (Speaking of a place away
from both speakers.)

COMBINED FORMS

When one of the direct object pronouns **o, a, os,** or **as** and an indirect object pronoun occur together – as in the sentence 'he gave it to me' – they form compound words. The indirect object pronoun always comes first:

me		┌ **mo, ma, mos, mas**
te		**to, ta, tos, tas**
lhe		**lho, lha, lhos, lhas**
	plus **o, a, os, as** gives	
nos		**no-lo, no-la, no-los, no-las**
vos		**vo-lo, vo-la, vo-los, vo-las**
lhes		└ **lho, lha, lhos, lhas**

For example:

Dou-lhe a minha morada. I give my address to him.
Dou-lha. I give him/her/you it (i.e. **morada** (f.)).

Note that the **s** of **nos** and **vos** is omitted and replaced by a hyphen before another pronoun. However, the forms **no-lo**, etc and **vo-lo**, etc, are seldom used in conversation.

WORD ORDER

In affirmative main sentences, the object pronouns follow the verb and are joined to it by a hyphen. But there are certain circumstances in which they precede the verb:

1 In negative sentences

Não o vejo. I don't see him/you (m. formal)

2 In questions

Porque não nos fala? Why don't you (formal) speak to us?

3 After some prepositions, conjunctions and adverbs

Sempre me detestou.
He/she/you (formal) always hated me.

6

Depois de lhe dar a receita ...
After giving him/her/you (formal) the prescription ...
Antes que me esqueça ...
Before I forget ...
Eles mal me falam.
They hardly speak to me.

Note that the verb **esquecer-se** (to forget) is reflexive in Portuguese.

PRONOUNS AFTER VERBS ENDING IN R, S, AND Z

When a verb ends in **r**, **s**, or **z**, the last letter is dropped before the pronouns **o**, **a**, **os**, **as**. The letter **l** is then prefixed to the pronoun which is joined to the verb by a hyphen. The affected verbal forms will then be stressed, with an acute accent over the letter **a** and a circumflex over **e** and **o**. The following examples illustrate this point:

Eu quero ver o António.
I want to see Anthony.
Eu quero vê-lo.
I want to see him.

Eu desejo comprar uvas.
I want to buy grapes.
Eu desejo comprá-las.
I want to buy them.

Ela faz cestos.
She makes baskets.
Ela fá-los.
She makes them.

Nós vemos a sua amiga muitas vezes.
We often see your friend.
Nós vêmo-la muitas vezes.
We often see her.

PRONOUNS AFTER VERBS ENDING IN M, ÃO, AND ÕE

When the pronouns **o**, **a**, **os**, **as**, come immediately after a verb ending in **m**, **ão**, or **õe**, the letter **n** is prefixed to the pronoun to give the forms **no**, **na**, **nos**, **nas**, which are then joined to the verb by a hyphen as shown in the following examples:

Eles dão lições ao ar livre.
They give lessons in the open air.
Eles dão-nas ao ar livre.
They give them in the open air.

Elas viram o irmão da Maria.
They saw Maria's brother.
Elas viram-no.
They saw him.

Ela põe a mesa.
She sets the table.
Ela põe-na.
She sets it.

But the rule governing the position of object pronouns in negative and interrogative sentences still applies:

Elas não o viram.
They didn't see him.
Ela a põe?
Is she setting it?

WORD ORDER IN BRAZIL

In Brazilian Portuguese, the personal object pronouns nearly always come before the verb. Therefore in Brazil, the word order in the above examples would be:

Eles as dão ao ar livre.
Elas o viram.
Ela a põe.

In Brazil, the reflexive pronoun also comes before the verb. For example:

Eu me sinto cansada. I (f.) feel tired.
But in Portugal
Eu sinto-me cansada.

OBJECT PRONOUNS AFTER PREPOSITIONS

The pronouns you have studied go together with verbs. The following forms – called disjunctive pronouns – come after prepositions and, therefore, are employed in the case of 'verb + preposition' (such as **gostar de**):

mim	me
ti	you (sing. familiar)
si*, você,	you (sing. formal)
o senhor,	
a senhora	
ele	him
ela	her
nós	us
vós, vocês	you (plural, more casual)
os senhores,	you (you, plural formal)
as senhoras	
eles, elas	them

* In addition to its translation of 'you', **si** can also mean 'him/herself', 'themselves'. For example:

Ele fala de si para si. He is speaking to himself.

The following examples illustrate the use of these pronouns after prepositions:

Este livro é para mim.
This book is for me.
Ele gosta de ti.
He likes you (familiar).
Gosto dela.
I like her.

Eu paguei por ela.
I paid for her.
Eu acredito em si.
I believe you (in you – formal).

These pronouns are especially useful for avoiding the ambiguities to which the combined forms frequently give rise. For this reason, the disjunctive forms are much more common in speech. For example:

Dei-lhes o lápis I gave them the pencil
becomes
Dei-o a eles in preference to **Dei-lho.**

An exception – **com**

The preposition **com**, meaning 'with', combines with the pronouns, **mim**, **ti**, **si**, **nós**, and **vós**, to give the following special forms:

singular
com + mim = comigo   with me
com + ti = contigo   with you (familiar)
com + si = consigo   with you (formal) Also: with
                          himself/herself/oneself
But note
com ele, com ela   with him, with her

plural
com + nós = conosco   with us
         (or **connosco**)
com + vós = convosco   with you
com eles, com elas   with them(m. & f.)

'With you' can also be **com o senhor, com os senhores**, etc (formal) and **com você** (informal).

Some adverbs and prepositions commonly followed by these pronouns:

atrás de	behind
perto de	near
longe de	far from
em frente de	in front of
em cima de	on, on top of
por baixo de	under, below
contra	against
sem	without
entre	between, among
antes de	before
depois de	after

OMISSION OF THE 3RD PERSON PRONOUN

When the 3rd person pronoun corresponds to an inanimate object or an abstract idea and comes at the end of a phrase or sentence, it is often omitted, as the following examples show:

Você viu o filme, 'E tudo o vento levou'?
Have you seen the film, 'Gone with the Wind'?
Sim, vi.
Yes, I have seen it.

O senhor come carne?
Do you eat meat?
Sim, como.
Yes, I eat it.

Gosta de Portugal?
Do you like Portugal?
Sim, gosto.
Yes, I like it.

Vocês beberam o vinho?
Did you drink the wine?
Sim, bebemos.
Yes, we drank it.

Exercise 20

Translate the following:
1 Dê-lhe os meus cumprimentos.
2 Ela telefonou-me ontem à noite.
3 Viu-o na semana passada.
4 Não as conheço bem.
5 Eles visitam-nos todos os anos.
6 Queremos vê-lo.
7 Vou ajudá-la.
8 Vocês ajudam-no muito.
9 Ele não quer as maçãs, mas eu vou dar-lhas.
10 Você mora perto de mim.
11 Não como sem você.
12 Venha comigo agora tomar um café e depois eu vou consigo ao cabeleireiro.
13 Os cães estão connosco, mas os gatos estão com elas.
14 Quem lho disse?

6

VOCABULARY

dê (dar)	give
cumprimentos	regards (best regards)
telefonar	to telephone
viu	to see (past definite of **ver**)
conhecer	to know, to be acquainted with
visitar	to visit
querer	to want
ajudar	to help
depois	after, afterwards, then
cabeleireiro	hairdresser
cães	dogs (see week 5, section 22)
gatos	cats
disse	to say, to tell (past definite of **dizer**)

Exercise 21

Translate the following:

1 Show us what you found.
2 Go and look for her.
3 Are these flowers for me?
4 Before I forget, I have to tell you (pl.).
5 He waited for us.
6 Come with me.
7 There are no secrets between us.
8 I am counting on you (familiar).
9 He did not lend it to me.
10 They help him.
11 My mother did not ring me up.
12 I don't need him.
13 I called him but he did not hear me.
14 I saw them (m.) last week.
15 He is going to see her.

VOCABULARY

mostrar	to show
procurar	to look for (in Brazil: **buscar**)
esperar	to wait
segredos	secrets
contar com	to count on, to count with
emprestar	to lend
ajudar	to help
telefonar	to telephone, to ring up
precisar de	to need
chamar	to call
ouvir	to hear
vi	I saw (past tense of verb **ver**)

Practice 6

Um dia de anos / A birthday

ANTÓNIA O domingo passado foi o dia dos anos
do meu sogro. Foi uma grande festa.
Estava lá, praticamente, toda a família:
os sobrinhos americanos do meu sogro,
a tia do meu marido que veio do Brasil,
os meus cunhados e cunhadas e os netos
todos dos meus sogros que, ao todo,
são nove.

BEATRIZ Meu Deus, tanta gente! Deve ter sido
um pandemónio com essa malta toda.

ANTÓNIA Não, nem por isso. Estava tudo muito
bem organizado. Como estava calor,
mandámos os mais novos para a piscina e
pusemos a gente mais velha a jogar xadrez.
Nós, as mulheres, estávamos encarregadas
de todos os preparativos, enquanto os
maridos bebiam e discutiam os últimos
acontecimentos.

BEATRIZ Quantos anos fez o seu sogro?

ANTÓNIA Fez sessenta e cinco anos.

BEATRIZ Não parece, está muito bem conservado.
Quando o vir, dê-lhe os meus sinceros
parabéns. Tem graça que a minha enteada
também fez anos no dia vinte e oito.
Fez dezoito anos. Mas com essa não
tivemos problema. Ela foi para a discoteca
com os amigos e nós só pagámos a conta.
Voltando ao assunto da sua festa, que
comeram?

ANTÓNIA Bem, para o almoço tivemos saladas,
ovos, queijo, camarões, azeitonas e fruta –
muitas uvas e melões e também melancia.
Depois da sesta lanchámos: chá, torradas,
biscoitos feitos em casa e o bolo dos anos
com as velas. E por volta das oito jantámos.
Era leitão assado no espeto – no jardim, é

claro – ervilhas batatas e outros legumes. Para sobremesa tivemos uma grande variedade de pudins. O vinho era do melhor, das adegas do meu cunhado e, naturalmente, não faltava o champagne.

VOCABULARY

dia dos anos	birthday
uma grande festa	a great party
ao todo	in all
tanta gente	so many people
deve ter sido	it must have been
com essa malta toda	with all that crowd (colloquial)
nem por isso	not really, not too bad
quantos anos fez ...	how old was ...
não parece	he does not look it, he does not appear ...
bem conservado	well preserved
quando o vir	when you see him
parabéns	happy birthday (also congratulations)
tem graça	how funny, it is funny, what a coincidence
mas com essa	with that one, with her
voltando ao assunto	coming back to the subject
e por volta das oito	and around eight o'clock
era do melhor	it was of the best
não faltava	we were not short of, there was no lack of
sogro/sogra	father-in-law/mother-in-law
praticamente	practically
toda a família	the whole family
sobrinhos/ sobrinhas	nephews/nieces
cunhados/cunhadas	brothers-in-law/sisters-in-law
netos	grandchildren
pandemónio (in Brazil: **pandemônio**)	pandemonium
organizado	organized (the past participle of verb **organizar**)

mandámos	to send, to order (past tense of verb **mandar**)
os mais novos	the younger ones
pusemos	to put, to set (past tense of irregular verb **pôr**)
mais velha	older
xadrez	chess
estávamos encarregadas	we were in charge
enquanto	while
os maridos	the husbands
discutir	to discuss
últimos acontecimentos	the latest events
fazer	to make, to do
Quantos anos fez?	How old were you, was he/she?
dê-lhe	give him (imperative of **dar**)
enteada	stepdaughter
tivemos	past tense of verb **ter**
foi	went/ was
pagar	to pay
ovos	eggs
queijo	cheese
camarões	prawns (also shrimps)
azeitonas	olives
uvas	grapes
melões	melons
melancia	water melon
sesta	nap (afternoon nap)
chá	tea
torradas	toast
biscoitos	biscuits
feitos em casa	made at home (verb **fazer**)
velas	candles
leitão	suckling pig
assado	roasted
espeto	spit
jardim	garden
é claro	of course, naturally
ervilhas	peas
batatas	potatoes
outros	others

6

legumes	vegetables
sobremesa	dessert
variedade	variety
pudins	puddings (sing. **pudim**)
vinho	wine
adegas	wine cellars

PRACTICE EXERCISE 6

Answer the following questions, and check your
answers by reference to the preceding dialogue:

1 Quem são as protagonistas deste diálogo?

2 De quem falam?

3 O que aconteceu (what happened) no domingo?

4 Havia pouca gente?

5 Descreva a família.

6 Que faziam os jovens?

7 Quantos anos fez o sogro?

8 Ele parece muito velho?

9 Quem mais fez anos no dia vinte e oito?

10 Ela teve uma grande festa?

11 Quem pagou a conta?

12 Descreva o que comeram na festa dos anos –
ao almoço, lanche e jantar.

Week 7

- *'either ... or', 'neither ... nor'*
- *negatives such as 'nothing', 'never', etc*
- *indefinite adjectives and pronouns ('certain', 'few', 'all', 'some', etc)*
- *comparison of adjectives and adverbs*
- *the future and conditional tenses ('I will ...', 'I would ...')*
- *expressions for love and hate*
- *how to use 'já'*

29 'EITHER ... OR', 'NEITHER ... NOR'

The Portuguese word for 'or' is **ou**, and when you need to say 'either ... or' you simply repeat it: **ou ... ou**. 'Neither ... nor' is **nem ... nem**.

Quem manda aqui, sou eu ou você?
Who is in charge here (lit. 'who gives orders here'), is it me or you?

Nem eu nem a minha mulher nem os meus filhos gostamos de ar condicionado.
Neither I nor my wife nor my children like air conditioning.

'Neither one nor the other' is translated by **nem um/a nem outro/outra**.

From the two sentences above you should note two things: one is that the pronoun **eu** comes first (**Eu e a minha mulher** instead of the English 'My wife and I'); and the other is that in Portuguese you may repeat **nem** as many times as necessary.

nem and **nem mesmo** translate 'not even'. For example:

Nem quero sonhar uma coisa dessas.
I don't even want to think of (lit. dream of) such a thing.
Nem mesmo se o senhor me pagasse.
Not even if you paid me.

Nem is sometimes used in place of **não**. For example:

Nem me diga ... You don't say ... Don't tell me ...
Nem por isso. Not really.

29A MORE NEGATIVES: NOTHING, NEVER, NO ONE, ETC

nada nothing
nunca never
jamais never
nunca ... mais never again
já não no longer; any more
ainda não not yet
ninguém no one
nenhum (m.), nenhuma (f.),
  nenhuns (m. pl.), nenhumas (f. pl.) none, any

Não conheço ninguém aqui.
I don't know anyone here.
Ele não tem nenhuma ideia.
He hasn't any idea.
Nunca mais compro sapatos de salto alto.
Never again will I buy high-heeled shoes.
Eles não têm nada.
They have nothing.
Nunca o vi na minha vida.
I have never seen him in my life.
Ele já não mora no Porto.
He no longer lives in Oporto.
Hoje ainda não comi.
I haven't eaten yet today.

Be aware of another meaning of **já não**, as for example:

Já não o via há tantos anos!
I hadn't seen him for so many years!

Note the use of double negatives in Portuguese.

The word **já** means 'already' when used in the past, but it appears much more frequently in Portuguese than 'already' does in English. For example:

Já comeu?
Have you eaten?

When **já** is used in the present tense it means 'soon' or as in this example:

Eu já vou.
I am coming.

Here are some other uses or meanings:

já e já
straight away
desde já
from this moment on
Já não quero isso.
I don't want that any more.
Já agora aproveito para comprar ...
While I am here (at it) I may as well buy ...
Já que a sorte a trouxe aqui ...
Since (seeing that) luck brought you here ...

já can also mean 'ever' when used in a question. For example:

Você já viu una beleza destas?
Have you ever seen a beauty like this (such a beauty)?

Exercise 22

Translate the following:

1 Você quer tomar chá ou café?
2 Nem quero chá nem café. Prefiro um sumo de laranja.
3 Ou vou ao cinema ou fico em casa, a ver televisão, ainda não tenho a certeza.
4 Nunca vi uma exposiçao tão bem organizada.
5 Ele não tem escrúpulos nenhuns.
6 Nunca mais compro aparelhos eléctricos em segunda mão.
7 Você não tem nada a ver com isso.
8 Aqui ninguém fala inglês.
9 Eu não sei nada.
10 Não fomos a lado nenhum.

Exercise 23

7

1 Have you (informal sing.) ever eaten 'bacalhau à Gomes Sà '?
2 No-one told me that.
3 While I am here (at it), I may as well send this email.
4 We have never seen him.
5 I have none (f.).
6 I haven't seen this film yet.
7 She no longer likes him.
8 He is bringing you the file (presently).
9 As/since she has apologised, I consider the matter closed.
10 They (f.) haven't been to any place.

VOCABULARY

café	coffee
sumo de laranja	orange juice
(in Brazil: **suco de laranja**)	
ficar	to stay, remain
ainda	yet, still
não tenho	
a certeza	I am not sure
(in Brazil: **não estou certo/a**)	
exposição	exhibition
escrúpulos	scruples
aparelhos	electrical appliances
eléctricos	
segunda mão	second-hand
não ter nada a	to have nothing to do with
ver com ...	
sei	I know (present tense of **saber**)
fomos	we went (past definite of **ir**)
lado nenhum	nowhere, anywhere
bacalhau à	dried cod (**bacalhau**) fried
Gomes Sá	with onions, potatoes, etc.
filme	film
pedir desculpa	to apologise
ficha	file, form
o assunto está	the matter is closed
fechado/acabou	

7

30A CERTAIN, FEW, ALL, SOME, ETC

Note the feminine and plural forms in these:

certo, certa; certos, certas certain
outro, outra; outros, outras other
pouco, pouca little; **poucos, poucas** few
todo, toda; todos, todas every, all
algum, alguma; alguns, algumas some
(also 'any' used in questions)
um, uma; uns, umas one, some
(often used in place of **algum, algumas**)

tudo everything
tanto, tanta so much; **tantos, tantas** so many
tal, tais such
qualquer, quaisquer any (of a choice – used in affirmative, negative, or interrogative sentences)
ambos, ambas both
alguém somebody ('anybody' when used in questions)
cada each

31 COMPARISON OF ADJECTIVES AND ADVERBS

The comparative is usually formed using **mais** ('more') or **menos** ('less') plus the adjective, plus **do que** (or merely **que**):

Ela é mais bonita do que a irmã.
or **Ela é mais bonita que a irmã.**
She is prettier than her sister.
Ela tem menos dinheiro do que eu.
She has less money than I.

tão ... como as ... as
Ela é tão rica como eu. She is as rich as I.

tanto ... como, tanta ... como; tantos(as) ... como
as much/many ... as
Tem tanto dinheiro como eu. She has as much money as I.

In Brazil, for 'as ... as', say **tão ... quanto** (or **tanto ... quanto**, which is also occasionally used in Portugal).

THE SUPERLATIVE

The superlative is formed by putting the articles **o, a, os, as** before **mais, menos** 'more', 'less'. Thus they become 'the most', 'the least'. For example:

Ela é a mais bonita. She is the prettiest.

The superlative 'very' can be rendered by **muito**, and 'extremely' by adding **-íssimo** to the adjective after dropping the final vowel. For example:

Ela é muito bonita. She is very pretty.

lindo (beautiful) **lindíssimo** (extremely beautiful)
barato (cheap) **baratíssimo** (extremely cheap)

Some irregular superlatives:

fácil (easy) **facílimo**
rico (rich) **riquíssimo**
feliz (happy) **felicíssimo**
amável (kind) **amabilíssimo**
pobre (poor) **paupérrimo**

Irregular comparatives of adjectives and adverbs

bom, boa, bem	**melhor**	**o melhor**	**óptimo**
good, well	better	the best	super
mau, má, mal	**pior**	**o pior**	**péssimo**
bad, badly, ill	worse	the worst	extremely bad
grande	**maior**	**o maior**	**máximo**
large, big etc	larger	the largest	maximum
pequeno	**mais pequeno** *or* **menor**	**o mais pequeno** *or* **o menor**	**mínimo**
small, little			
alto	**mais alto** *or* **superior**	**o mais alto**	**supremo**
tall, high, loud			
baixo	**mais baixo** *or* **inferior**	**o mais baixo**	**ínfimo**
low, short			
muito	**mais**	**o mais**	
very	more/-er	the most/-est	
pouco	**menos**	**o menos** *or* **o mínimo**	

Ele é a autoridade suprema. He is the highest authority.
O tempo está péssimo. The weather is awful.
Uma óptima ideia. A super idea.
Ela é mais linda das irmãs. She is the prettiest of the sisters.

Adverbs ending in English in -ly are generally formed in Portuguese by adding **-mente** to the feminine singular of the adjective. For example:

raro, raramente rarely
absoluto, absolutamente absolutely
fácil, facilmente easily

When two or more adverbs of this type come together **-mente** is added to the last one only. For example:

Ele falou clara e vagarosamente.
He spoke clearly and slowly.

7 Exercise 24

Translate the following:

1 Does anyone speak English here?
2 Did you (o senhor) ask me for a spoon or a knife?
3 Neither. I asked you for a fork.
4 He has some hope.
5 Each to his own taste.
6 Everything is very expensive.
7 Have you any (any of a choice) English magazines?
8 They are both writers.
9 The dinner was awful.
10 My aunt is extremely ill.
11 He is the richest man in the world.
12 I have good news for you.
13 She is as happy as I am.
14 Camões was the greatest Portuguese poet.

VOCABULARY

pedir	to ask for
colher (f.)	spoon
faca (f.)	knife
nem uma nem outra	neither (one nor the other)
garfo (m.)	fork
esperança	hope
cada qual	each (one)
gosto	taste
caro	expensive
revistas	magazines
escritores	writers
do mundo	in the world
notícias	news
para si	for you
(in Brazil: **para você**)	

31A EXPRESSIONS FOR LOVE AND HATE

The verb **amar** is less commonly used in Portuguese than in English. It speaks of deep feelings, the kind that lead you to marriage. Instead, the Portuguese tend to use **gostar muito de ...** or **adorar**:

Gosto muito de ti.
I like you very much. *Or* I love you.
Adoro cantar.
I love singing.

By the same token, **odiar** is a very strong word for hate, and you'd better watch out if you ever hear it! Instead, the verb **detestar** is used:

Adoro a Inglaterra mas detesto o frio e a chuva.
I love England but I hate the cold and the rain.

The following piece, 'Cultural Shock', illustrates the difference between Portuguese and English:

Quando vim a Londres, pela primeira vez, ouvi o condutor do autocarro chamar-me 'amor' quando me pedia que bilhete eu queria. Fiquei visivelmente chocada e corei até às raizes do cabelo.

condutor do autocarro	bus conductor
corei	I blushed
raíz	root
cabelo (sing.)	hair

32 THE FUTURE AND CONDITIONAL TENSES ('I WILL ...', 'I WOULD ...')

These tenses are very easily formed. With only three exceptions, the appropriate endings are added to the infinitive of all verbs, regular or irregular.

	falar	**ter**	**ir**
	to speak	to have	to go
	(regular)	(irregular)	(irregular)

Future tense

eu	**falarei**	**terei**	**irei**
tu	**falarás**	**terás**	**irás**
você	**falará**	**terá**	**irá**
ele, ela	**falará**	**terá**	**irá**
nós	**falaremos**	**teremos**	**iremos**
vocês	**falarão**	**terão**	**irão**
eles, elas	**falarão**	**terão**	**irão**

Conditional tense

eu	**falaria**	**teria**	**iria**
tu	**falarias**	**terias**	**irias**
você	**falaria**	**teria**	**iria**
ele, ela	**falaria**	**teria**	**iria**
nós	**falaríamos**	**teríamos**	**iríamos**
vocês	**falariam**	**teriam**	**iriam**
eles, elas	**falariam**	**teriam**	**iriam**

The exceptions are: **dizer** to say, **fazer** to make, to do, **trazer** to bring. The future and conditional endings for these three verbs are exactly the same as those shown in the tables above. The only difference is that the infinitive to which the endings are added is modified:

dizer *becomes*:
direi, -as, -a, -emos, -ão (future)
diria, -ias, -ia, íamos, -iam (conditional)

fazer *becomes*:
farei, -as, -a, -emos, -ão (future)
faria, -ias,-ia, íamos,-iam (conditional)

trazer *becomes*:
trarei, -as, -a, -emos, -ão (future)
traria, -ias, -ia, íamos, -iam (conditional)

When the future and conditional tenses are followed by an object pronoun, the pronoun is inserted between the stem – that is, the infinitive – and the ending. For example:

Dar-lhe-ei I will give him ... (not **Darei-lhe** ...)
Eu far-lho-ia. I would do it for you.
Eles falar-me-ão. They will speak to me.

Apart from this change, the rules governing the formation and position of pronouns apply to the future and conditional tenses in exactly the same way as explained in section 28.

1 The pronouns precede the verb in negative and interrogative sentences, and after certain adverbs, prepositions, and conjunctions. For example:

Eles não me falarão. They will not speak to me .

2 The **r** of the infinitive is dropped before third person pronouns and an accent or circumflex is placed over the remaining vowel to indicate that it retains its full sound

7

value, as if the **r** were still present. For example:

Fá-lo-ei. I will do it.
Eles comê-lo-ão. They will eat it.

OTHER WAYS OF EXPRESSING THE FUTURE
(see also section 10)

1 The present tense
In Portuguese, especially in conversation, it is much more common than in English to use the present tense to express a future intention or action. For example:

Saio amanhã. I'll go out tomorrow.
(I'm going out tomorrow.)

2 Use of **ir** + infinitive
Just as in English, it is possible and common in Portuguese to use the present tense of **ir** (to go) with an infinitive to express future intention. For example:

Vou sair amanhã. I'm going to go out tomorrow.

3 Use of **haver de** + infinitive
This is another method of expressing a strong intention to perform a future action and it has, therefore, the effect of the future tense. For example:

Você há-de aprender português.
You will learn Portuguese.

For the present tense of **haver**, see sections 4 and 6.

IDIOMATIC USES OF THE FUTURE AND CONDITIONAL TENSES

1 The future and conditional tenses can be used to express the idea of 'approximately'. In a situation pertaining to the present, the future tense is used, and in a situation pertaining to the past, the conditional is used. For example:

O nosso professor terá uns cinquenta anos.
Our teacher is about fifty years old.
Seriam cinco horas quando ele entrou.
He came in at about 5 o'clock.

2 It is possible to use the future and conditional tenses to convey uncertainty in situations where in English it would be natural to use the expression 'to wonder whether ... '. For example:

Será esta a rua que buscamos?
I wonder whether this is the street we are looking for?
(**Buscamos** is Brazilian usage. In Portugal say **procuramos**.)

Estaria ele culpado?
I wonder whether he was guilty?

Note that (as in the preceding examples) the future tense is used to refer to present circumstances and the conditional to refer to past events.

Note also that the imperfect tense can be used as a substitute for the conditional when the meaning is 'I would', etc. For example:

Gostava de ir ao Brasil = Gostaria de ir ao Brasil.
I would like to go to Brazil.

7

Exercise 25

Translate the following:

1 When will you write to him?
2 He has to work hard.
3 We shall not take it.
4 I shall begin my story.
5 Who will win?
6 We shall arrive (in the) next month.
7 Was it (Would it be) true?
8 Eu diria que ele está a mentir.
9 Não me esquecerei de ti.
10 Faria tudo por ela
11 Eles dar-lhe-ão a minha nova morada.
12 Hei-de ir ao Japão.
13 Tenho de ir ao dentista.
14 Será muito caro?

7

VOCABULARY

escrever	to write
muito	hard
começar	to begin
ganhar	to win
chegar	to arrive
verdade	true
mentir	to lie
nova	new
esquecer-se	to forget
Japão	Japan
dentista	dentist
caro	expensive

Um lugar ao sol / A place in the sun

ANTÓNIO **Ando à procura de casa no Algarve, mas não encontro nada em conta. Devia ter comprado há anos quando o Algarve ainda não era tão conhecido no estrangeiro.**

CARLOS **Você já pôs um anúncio no jornal?**

ANTÓNIO **Sim, já pus mas não recebi nenhuma resposta de interesse. É sempre a mesma história: as casas de que gosto são caras demais, e aquelas que são baratas precisam de muitas obras e são muito longe do mar. Quanto aos apartamentos, fazem-me lembrar caixas de fósforos.**

CARLOS **Você é muito exigente. Já sabe se quer coisa boa tem de pagar, especialmente num sítio como o Algarve.**

ANTÓNIO **Sim, já sei; no entanto continuarei a tentar. Ainda tenho esperanças de arranjar uma casinha de pescadores à beira-mar com um pequeno jardim com três ou quatro quartos, sala, casa de jantar, cozinha e casa de banho com chuveiro, e que custe entre as oitenta e noventa mil libras.**

CARLOS **É tudo? Quando encontrar essa raridade, veja lá se arranja duas; eu até lhe pagaria uma comissão com muito prazer.**

7

VOCABULARY

Ando à procura ...	I am looking for ...

(In Portuguese there are a number of nouns taken from verbs – in this case from **procurar** to look for)

em conta	reasonably priced
Devia ter comprado há anos.	I should have bought (it) years ago.
tão conhecido	so well-known
caras demais (or: **demasiado caras**)	too dear
quanto a ...	as to ... (as for)
fazem-me lembrar ...	they remind me of ... (lit. 'they make me remember')
muito exigente	very demanding, hard to please
Já sabe.	You know.
Já sei.	I know. (I am well aware.)
no entanto	nevertheless
Ainda tenho esperanças.	I still have hopes.
casinha de pescadores	a little fishermen's cottage (diminutive form*)
e que custe ...	and which costs ...

(The use of the subjunctive is explained in section 40.)

É tudo?	Is that all?
Veja lá se arranja duas.	See if you find (get) two.

(**lá** meaning 'there' is often used in an abstract sense colloquially, much as the English say 'Look here.')

E eu até lhe pagaria.	I would even pay you.

(**até**, meaning 'until', means 'even' in this context.)

encontrar	to find, to meet
no estrangeiro	abroad
estrangeiro/a	foreigner
Já pôs ...?	Have you put ...?
pôr (irregular)	to put
anúncio	advertisement
jornal	newspaper
resposta	reply, answer
história	story, history
baratas	cheap

obra	repairs (to house), construction (lit. work, opus)
caixa de fósforos	a box of matches
se	if, whether
querer	to want
coisa boa	a good thing
sítio	place
tentar	to try, to attempt
beira-mar	by the sea
quartos	bedrooms
sala (de visitas)	sitting-room
casa de jantar	dining-room
cozinha	kitchen
chuveiro	shower
comissão	commission

* The diminutive suffixes **-inho/a**, **-zinho/a**, **-zito/a**, **-ito/a** are often used in Portuguese, denoting smallness, affection, or pity. Thus you may find **favor** changed to **favorzinho**, and **obrigada** changed to **obrigadinha**.

7

Practice 7

In association with this exercise, have a look at the section on 'Clothes and colours', page 219.

Um senhor muito chato entra numa loja …

EMPREGADA Bom dia. Faz favor?

FREGUÊS Bom dia, desejo comprar uma gravata que vi na montra.

EMPREGADA Sim senhor. Pode me descrever a gravata que viu, se faz favor.

FREGUÊS Bem, creio que é às riscas. Talvez não. Parece-me que a que eu vi tinha pintinhas.

EMPREGADA Uma grande diferença!

FREGUÊS Bem, a diferença está na cor.

EMPREGADA E de que cor era a gravata que viu?

FREGUÊS Julgo que era azul, mas não tenho a certeza. Em todo o caso, eu não gosto de azul; prefiro encarnado, da cor do Benfica.

EMPREGADA Tenho aqui uma encarnada, às pintinhas que veio da Itália.

FREGUÊS Não quero nada da Itália. De qualquer outro país menos da Itália.

EMPREGADA Então porquê?

FREGUÊS Então a senhora não sabe que eles nos venceram no futebol?

EMPREGADA O que tem a ver isso com a gravata? E a propósito de gravata. Tenho aqui uma de xadrez que veio da Inglaterra.

FREGUÊS Não gosto; pareço um homem que vai tocar a gaita de foles. De qualquer modo, minha senhora, eu prefiro comprar coisas portuguesas. Haja patriotismo!

EMPREGADA Há aqui alguma coisa que lhe agrade?

FREGUÊS Não, não vejo nada.

EMPREGADA O senhor é muito esquisito.

FREGUÊS Pois sou; mas não sou malcriado.

EMPREGADA [entredentes] Mas é chato. [em voz alta] Tenho aqui uma verde e encarnada, muita bonita. Ficava-lhe bem.

FREGUÊS E eu vou andar com a bandeira portuguesa ao pescoço?

EMPREGADA	[já irritada] Mas afinal, o que é que o senhor deseja?
FREGUÊS	Nada. E agora que a chuva já passou vou-me embora. Para a próxima, vou escolher uma camisa.
EMPREGADA	As nossas camisas não são nada boas. Vá a outra loja.

VOCABULARY

chato/a	(slang) n.: a nuisance; adj.: boring, tiresome
montra	shop window
descrever	to describe
que viu	(past of **ver**) to see: that you saw
creio que é às riscas	I believe that it has stripes
talvez não	maybe (perhaps)
creio que	
parece-me que	I think that …, it seems to me
julgo que	… that,… I believe that
penso que,	(two more ways of saying 'I think
acho que	that', etc, not found in this text)
a que eu vi tinha pintinhas	the one I saw had polka dots
cor	colour
não tenho a certeza	I am not sure
em todo o caso	anyway
Benfica	the well-known Portuguese football club
veio	past of **vir** to come
menos	(here) except
nos venceram	they defeated us
o que tem a ver isso com …	what has that to do with …
xadrez	checkered cloth (also: chess)
gaita de foles	bagpipes
de qualquer modo	anyway
haja patriotismo	let there be patriotism
que lhe agrade	that pleases you

7

vejo	present of **ver** to see: I see
esquisito	fussy
malcriado/a	rude
entredentes	(muttering) between (her) teeth
em voz alta	aloud
ficava-lhe bem	it should suit you
bandeira portuguesa	Portuguese flag
ao pescoço	(hanging) from (my) neck
mas, afinal	but, after all
agora que a	now that the rain has stopped
chuva já passou	(lit. passed, gone)
vou-me embora	I'm going
para a próxima	next time
escolher	to choose
não são nada boas	they aren't good at all

PRACTICE EXERCISE 7

Answer the questions, and check your answers by reference to the preceding dialogue:

1. Por que razão se chama 'chato' a este homem?
2. Descreva as gravatas todas que ele viu.
3. Que cor disse ele que era a sua favorita? E porquê?
4. Porque não quis ele (didn't want) a gravata italiana?
5. Qual foi a razão para ele não querer a gravata de xadrez?
6. Repita a expressão que este freguês usou como patriota.
7. Que lhe disse a empregada já desesperada?
8. E a resposta (reply) dele?
9. O que lhe chamou ela entredentes?
10. Do que lhe fez lembrar (what reminded him of) as cores encarnada e verde?
11. Finalmente, qual era a razão dele para estar naquela loja?
12. Que conselho (advice) deu-lhe a empregada?

Week 8

- *past participles ('done', 'spoken', 'seen', etc)*
- *perfect and pluperfect tenses*
- *reflexive verbs*
- *the reciprocal form ('they love each other')*
- *how to form the passive voice*
- *impersonal verbs ('it's raining')*

33 PAST PARTICIPLES ('DONE', 'SPOKEN', ETC)

The regular past participle is formed by changing the endings of the infinitive (**-ar**, **-er**, and **-ir**) for **-ado**, **-ido**, and **-ido** respectively. The forms are therefore as follows:

infinitive		past participle	
dar	to give	**dado** given	
vender	to sell	**vendido** sold	
mentir	to lie	**mentido** lied	

Some past participles are irregular; these are listed below:

infinitive		past participle	
pôr	to put	**posto**	put
abrir	to open	**aberto**	opened
fazer	to do, to make	**feito**	done, made
escrever	to write	**escrito**	written
dizer	to say, to tell	**dito**	said, told
vir	to come	**vindo**	come
ver	to see	**visto**	seen
pagar	to pay	**pago**	paid
gastar	to spend	**gasto**	spent
ganhar	to earn, to win, to gain	**ganho**	earned, won, gained

Some verbs have two past participles: a regular form which remains invariable and is used with the auxiliary verb **ter** to form compound tenses, and an irregular form which is used as an adjective with the auxiliary verbs **ser** and **estar**. When used as an adjective, the participle agrees with the noun it qualifies in number and gender. The most important 'double past participle' forms are:

infinitive	regular	irregular
aceitar to accept	**aceitado**	**aceito, aceite**
acender to light	**acendido**	**aceso**
enxugar to dry	**enxugado**	**enxuto**
expulsar to expel	**expulsado**	**expulso**
juntar to join	**juntado**	**junto**
limpar to clean	**limpado**	**limpo**
matar to kill	**matado**	**morto**
morrer to die	**morrido**	**morto**
prender to arrest	**prendido**	**preso**
romper to tear	**rompido**	**roto**
suspender to suspend	**suspendido**	**suspenso**

A roupa está quáse enxuta.
The clothes are nearly dry.
Eu já tinha enxugado a louça.
I had already dried the dishes.
A luz está acesa. The light is on.
Ele já tinha acendido o fogão.
He had already lit the fire.

8

34 THE PERFECT/PLUPERFECT TENSES

These compound tenses are formed, as in English, with the auxiliary **ter** (to have) and the past participle of the main verb. The perfect uses the verb **ter** in the present tense and expresses an action carried from the past up to the present or almost up to the present.

For example:
Tenho falado. I have been speaking.

Note that when the English perfect tense ('I have spoken') expresses an action completed in the past, it is translated by the Portuguese past definite, for example **falei** ('I spoke').

The pluperfect has the verb **ter** in the imperfect and indicates an action in the past prior to another past action, the same as in English:

Tinha falado. I had spoken.

Here are a few examples showing all four past tenses:

Ontem falei com a tua irmã.
Yesterday I spoke to your sister. (past definite)
Falava com a tua mãe.
I was speaking to your mother. (imperfect)
Ultimamente tenho falado muito francês.
I have been speaking a lot of French lately. (perfect)
Já tinha falado com o meu patrão antes de você me pedir para o fazer.
I had already spoken to my boss before you asked me to do it. (pluperfect)

There is a fifth tense, also called the pluperfect, which is not a compound tense and is therefore called the simple pluperfect. It is seldom used in colloquial speech and so is best ignored at this stage, but you can find how to form it in the Appendix on page 230.

35 REFLEXIVE VERBS ('LEVANTAR-SE')

A reflexive verb is used for actions that you do to yourself – when the object of the verb is the same person or thing as the subject.

Reflexive verbs exist in English ('I wash myself'), but are much more common in Portuguese. They are formed by combining the reflexive pronouns **me**, **te**, **se**, etc, with the appropriate part of the verb.

The pronoun comes before or after the verb according to the rules explained in section 25. Although the reflexive pronoun can be translated as 'myself', 'yourself', etc, in most cases it isn't natural in English to translate it at all.

Some reflexive verbs:

levantar-se	to get up
lembrar-se de	to remember
esquecer-se de	to forget
sentar-se	to sit down
lavar-se	to wash oneself, to have a wash
barbear-se	to shave oneself
deitar-se	to go to bed, to lie down
vestir-se	to get dressed
despir-se	to get undressed
pentear-se	to comb one's hair
banhar-se	to bathe
divertir-se	to enjoy oneself
habituar-se a	to get used to
sentir-se	to feel
decidir-se a	to decide to

Não me lembrava da tua morada.
I could not remember your address.
Eles vão-se lavar.
They are going to get washed.
Divertimo-nos muito na sua festa.
We enjoyed ourselves very much at your party.
Por favor sente-se.
Please sit down.
Avie-se. *or* **Despache-se.**
Hurry up.
Você enganou-se.
You made a mistake.
Sirva-se.
Help yourself.

In English, the forms 'myself', 'yourself', etc are also used for emphasis ('I did it myself'). This is expressed in Portuguese not by the reflexive pronoun but by the use of the adjectives **mesmo** and **próprio**, which agree with the subject in number and gender:

Eu própria lhe contei a história.
I (f.) myself told him the story.

Nós mesmos não queríamos ir.
We ourselves did not want to go.
Ele mesmo veio falar comigo.
He came himself to speak to me.

36 RECIPROCAL FORMS ('THEY LOVE EACH OTHER')

Reciprocal actions, although different from reflexive verbs, require the use of the reflexive pronoun. For example:

Nós encontrámo-nos por acaso. We met by chance.
Eles amam-se. They love each other.
Elas não se conhecem. They don't know each other.
Nunca nos vimos. We have never seen each other.

To avoid ambiguity between the reflexive and reciprocal forms, the phrase **um ao outro** (one another) is sometimes added to make it clear that the verb is reciprocal. This is especially important in cases where the verb is naturally reflexive. The phrase **um ao outro** varies according to the number and gender of the subjects involved:

um ao outro (two m. sing. subjects)
uma à outra (two f. sing. subjects)
uns aos outros (more than two m. pl. or mixed m. & f. pl. subjects)
umas às outras (more than two f. pl. subjects)

Consider the following: **Eles enganam-se** would normally mean 'They are making a mistake'. But it could mean 'They are deceiving each other'. To make the latter meaning absolutely clear it is necessary to add the appropriate form of **um ao outro**. For example:

A minha irmã e o cunhado enganam-se um ao outro.
My sister and brother-in-law deceive each other.

The passive is formed with the verb **ser** and the past participle, which must agree in number and gender with the subject. The passive is followed by the preposition **por** ('by'), combined with the articles in the usual way:

A carta foi escrita pela irmã.
The letter was written by (his/her) sister.
Ela é amada por todos.
She is loved by everybody.

The passive is not as much used in Portuguese as in English. An English passive is often translated by the Portuguese active voice plus the pronoun **se** – that is, as a reflexive. For example:

Aqui fala-se português.
Portuguese is spoken here.
Diz-se que ela é muito rica.
It is said that she is very rich.
Vê-se muita gente nas ruas no Natal.
Many people are seen in the streets at Christmas.
Aqui vendem-se jornais.
Newspapers are sold here.

Here are some other common active forms used where English has the passive:

Disseram-me que ...
I was told that ... (They told me that ...)
Dizem que ela é muito rica.
It is said that she is very rich. (They say that ...)

8

Exercise 26

Translate the following:

1 Ela já tinha estudado português quando era criança.
2 Este ano tem havido muitos desastres de avião.
3 A mulher já estava morta quando o médico chegou.
4 As mesas já estavam postas mas os convidados ainda não tinham chegado.
5 Eu nunca tinha visto tanta gente na minha vida.
6 Ela foi expulsa da escola.
7 Diz-se que a firma Agiota & Co. vai falir.
8 Não se deve enganar os outros.
9 Elas ainda não se tinham lavado.
10 Tem feito muito mau tempo.

VOCABULARY	
criança	child
desastres	accidents, disasters
convidados	guests
tanta gente	so many people
vida	life
falir	to fold up, to go bankrupt
enganar	to cheat
fazer bom/mau tempo	to have good/bad weather

38 IMPERSONAL VERBS ('IT'S RAINING')

There are a number of verbs which are used in the 3rd person singular only. The most common of these are **há** (there is, there are) and expressions describing the weather (such as **chove** it's raining, **neva** it's snowing). Other examples are:

faz calor (it's hot), **faz frio** (it's cold), **faz sol** (it's sunny), **faz vento** (it's windy).

Exercise 27

Translate the following:

1 Eles sentiam-se desanimados.
2 Levantei-me muito cedo.
3 Ele nunca se lembra dos meus anos.
4 Ela vestiu-se à pressa.
5 Ele cheira mal porque nunca se lava.
6 Como se diz 'table' em português?
7 Eles olharam-se um ao outro.
8 Sirva-se enquanto a comida está quente.
9 Não nos conhecemos.
10 Eu queixei-me à polícia.
11 Vá-se embora.
12 Faz sol.
13 Esqueci-me dele.
14 Aqui vendem-se jornais ingleses.

VOCABULARY

desanimados	disappointed
cedo	early
meus anos	my birthday
pressa	hurry
cheirar	to smell
cheirar mal	to stink
olhar	to look at
comida	food
queixar-se	to complain
ir-se embora	to go away, to leave

Exercise 28

Translate the following:

1 I remember him.
2 I was not feeling well.
3 We complained about the food.
4 It has been raining a lot this year.
5 I had already mailed the letter.
6 A lot of wine is drunk in Portugal but the Portuguese never get drunk.
7 The window was open.
8 The lottery was won by a poor woman.
9 My skirt was torn.
10 They were all arrested.
11 They looked at each other.
12 I have not travelled (been travelling) this year.
13 One hears a lot of English music in Portugal.
14 I do not want to help myself.
15 We saw each other by chance.
16 Newspapers are sold here.

VOCABULARY

pôr a carta no correio	to mail a letter
embriagar-se	to get drunk
lotaria	lottery
saia	skirt
viajar	to travel
rasgar	to tear
ganhar	to win
prender, presos	to arrest, arrested (pl.)

No restaurante / At the restaurant

O SR CARVALHO **Boa noite, tem uma mesa livre?**

O CRIADO **O senhor não reservou?**

O SR CARVALHO **Não, não tive tempo, foi uma coisa resolvida à última hora.**

O CRIADO **Vou ver. Quantas pessoas são?**

O SR CARVALHO **Quatro. Preferia uma mesa ao pé da janela, pois está muito calor.**

O CRIADO **Lamento muito mas as mesas ao pé das janelas estão todas reservadas. Esta aqui agrada-lhe?**

O SR CARVALHO **Que remédio! Traga-nos a ementa por favor e a lista dos vinhos. O que nos recomenda?**

O CRIADO **Recomendo-lhes o prato do dia que é especialidade cá da casa 'bacalhau de cebolada', ou então 'porco com ameijoas à alentejana' que é um grande petisco português.**

O SR CARVALHO **Pois bem, traga esse para mim, 'bacalhau de cebolada' para a minha filha um bife 'à transmontana' para a minha mulher, e para o meu amigo 'frango na púcara'.**

O CRIADO **Que legumes?**

O SR CARVALHO **Ervilhas e batatas fritas para dois, puré de batata e feijão verde para outro e arroz e salada de alface e pepino para mim.**

O CRIADO **E para beber, o que desejam?**

O SR CARVALHO **Vinho da casa. Uma garrafa de tinto e uma de branco. Traga também dois cafèzinhos - um simples e um com leite para terminar o jantar pois não queremos sobremesa. Queria também que me trouxesse a conta porque estamos com muita pressa; vamos a um concerto e não podemos chegar atrasados.**

No hotel / At the hotel

O SR JONES   Boa tarde. Chamo-me Jones. Escrevi a marcar um quarto de casal e um quarto para pessoa só.

A RECEPCIONISTA   Um momento se faz favor. Ora aqui está. Senhor Jones, dois quartos para o dia dezoito. Há aqui um problema; aparentemente o meu colega deu estes quartos a outras pessoas porque pensava que os senhores não viessem. Nós só reservamos os quartos até ao meio-dia. É a época dos turistas e há falta de acomodação.

O SR JONES   Que falta de consideração! Não sabe que hoje em dia os aviões chegam e partem quando lhes apetecem? Não é nossa culpa se chegamos atrasados. Nós já lhe tínhamos escrito a fazer esta marcação e os senhores responderam a confirmá-la. Estamos cansados e aborrecidos e agora não temos quartos.

A RECEPCIONISTA   Peço imensa desculpa por este lapso da nossa parte. Vou ver o que se pode arranjar. [A recepcionista regressa.] Estamos com sorte. Falei com o gerente que me disse para lhes dar um apartamento de luxo que está normalmente reservado. Os senhores podem tê-lo pelo mesmo preço que os quartos que tinham reservado. É claro que só o podemos dar por duas noites.

O SR JONES   Não faz mal. A que horas servem o pequeno-almoço?

A RECEPCIONISTA   Das sete às nove e meia. Desejam meia-pensão ou pensão completa?

O SR JONES   Preferimos pensão completa. E gostaríamos que nos acordassem às oito em ponto.

A RECEPCIONISTA   Muito bem; aqui está a vossa chave.

8

At the Restaurant

Foi uma coisa resolvida à última hora.	It was a last-minute thing
ao pé da	near, close to
Esta aqui agrada-lhe?	Will this one do?
bacalhau de cebolada (**bacalhau**, salted cod, is the national dish)	cod in onions
à transmontana	cooked in the fashion of Trás-os-Montes, a northern province of Portugal
porco com ameijoas à alentejana	pork with clams in the fashion of Alentejo, a province south of the River Tagus
frango na púcara	traditional Portuguese dish, 'chicken in the pot', which is cooked in an earthenware pot with herbs.
legumes	vegetables
ervilhas	peas
batatas fritas	fried potatoes
puré de batata	mashed potato
feijão verde	green beans
arroz	rice
alface	lettuce
pepino	cucumber
garrafa	bottle, also carafe
tinto	red
branco	white
cafèzinhos	coffees (diminutive form*)
um café simples	a black coffee (also known as **uma bica**)
café com leite	white coffee (slang: **garoto**)

pois	as, for, because
sobremesa	dessert
a conta	the bill

At the Hotel

marcar	to book
um quarto de casal	a double bedroom
para pessoa só	single room
falta de	shortage of
Que falta de consideração!	What lack of consideration!
quando lhes apetece	when they feel like it
hoje em dia	nowadays
Não é nossa culpa.	It is not our fault.
marcação	booking
peço imensa desculpa	I am so very sorry
lapso da nossa parte	oversight on our part
o que se pode arranjar	what can be done
gerente	manager
Não faz mal.	It does not matter.
pequeno-almoço (in Brazil: café da manhã)	breakfast
meia pensão	half board
pensão completa	full board
acordar	to wake someone up
chave	key

8

* See footnote on page 135.

Practice 8

Uma senhora, que tinha visto um ladrão fugir duma loja, foi à esquadra dar pormenores.

POLÍCIA   O nome da senhora, faz favor; morada, lugar onde nasceu e data do seu nascimento.

SRA ANTUNES   Chamo-me Maria Antunes, moro na Rua das Flores, no. 18, 1o. Esq. e nasci em Viana do Castelo a 18 de Outubro de 1940.

POLÍCIA   ... nome de pai e mãe.

SRA ANTUNES   Ó Senhor Guarda, mas isso é necessário?

POLÍCIA   É, senão não tinha perguntado.

SRA ANTUNES   Bem, a minha mãe era Antónia Maria Antunes, a 'padeira'.

POLÍCIA   Não estamos interessados em alcunhas. E o seu pai?

SRA ANTUNES   Sei lá! Foi antes do meu tempo!

POLÍCIA   Ora bem! Pode descrever-me o ladrão que viu?

SRA ANTUNES   Vi-o muito bem. Era alto. Não. Estou enganada. Era mais baixo que alto. Moreno. Pensando bem, eu não podia ver-lhe a cara porque ele tinha um lenço por sobre o rosto.

POLÍCIA   [em voz baixa] Estes pormenores vão ajudar-me muito, não há dúvida nenhuma. [em voz alta] Gordo ou magro?

SRA ANTUNES   Gordo. Mais gordo do que eu.

POLÍCIA   Cor do cabelo?

SRA ANTUNES   Sei lá! Talvez loiro . . . Estava muito escuro.

POLÍCIA   Estava escuro? Como é possivel quando o roubo aconteceu pela manhã?

SRA ANTUNES   Ah, Senhor Guarda, então foi outro roubo que eu vi.

POLÍCIA   Na mesma loja? Um de manhã e outro de tarde?

SRA ANTUNES   Pois é verdade. Agora há tantos roubos!

POLÍCIA   Desculpe-me minha senhora, mas eu tenho que entrevistar outras pessoas. Obrigada por ter vindo. Adeus!

8

VOCABULARY

ladrão	thief
fugir	run away, flee
esquadra	police station
pormenores (m. pl.)	details
nasceu	verb **nascer**, to be born
nascimento	birth
1o. Esq.	1st floor on the left (left-hand flat)
Senhor Guarda	(the correct way to address a policeman) Officer
senão	otherwise
padeira	the baker (f.), the baker's wife
alcunha	nickname
Sei la!	How should I know? God knows!
Ora bem!	Well now!
moreno	dark complexion (olive skin)
pensando bem	on second thoughts
cara, rosto	face
lenço	handkerchief
não há dúvida nenhuma	there is no doubt at all
cabelo	hair
roubo	theft
aconteceu	verb **acontecer**, to happen
Pois é verdade	So it is; that is so; indeed!
entrevistar	to interview

8

PRACTICE EXERCISE 8

Answer the following questions, checking against the dialogue:

1 Porque foi a senhora à Polícia?
2 Como se chamava ela? Onde tinha ela nascido e quando?
3 Qual era a morada dela?
4 Que alcunha tinha a mãe dela?
5 Qual foi a resposta dela quando o polícia lhe perguntou o nome do pai?
6 A senhora Antunes deu pormenores correctos a respeito do ladrão? (Dê exemplos.)
7 Porque não pôde ela ver o rosto do ladrão?
8 Quando tinha acontecido o roubo?
9 Na sua opinião, acha que a Sra Antunes tinha visto algum roubo?
10 Que conclusão tirou deste caso?

8

Week 9

- *the uses and formation of the subjunctive in all its tenses*
- *regular, irregular, and exceptional forms in the various tenses*
- *'if' clauses explained*

39 FORMING THE SUBJUNCTIVE

The present subjunctive is not a difficult tense to form and conjugate. If you forget the final **-r** of the infinitive, you'll see that verbs belonging to the 'a' conjugation end in **e**, whereas those of the second and third conjugations ('e' and 'i') end in **a**. The following table shows the basic principle to apply for changing from the present indicative to the subjunctivo.

REGULAR VERBS

	falar	**comer**	**partir**
	to speak	to eat	to leave
eu	**fale**	**coma**	**parta**
tu	**fales**	**comas**	**partas**
você	**fale**	**coma**	**parta**
ele, ela	**fale**	**coma**	**parta**
nós	**falemos**	**comamos**	**partamos**
vocês	**falem**	**comam**	**partam**
eles, elas	**falem**	**comam**	**partam**

EXCEPTIONS AND IRREGULAR VERBS

The present subjunctive of irregular verbs is formed from the 1st person singular of the present tense by removing the letter **o** and adding the endings **-a**, **-as**, **-a**, **-amos**, **-am**. For example:

fazer→ faço→ faça, faças, faça, façamos, façam

There are seven exceptions to the general rule as follows:

ser	estar	dar
seja	esteja	dê
sejas	estejas	dês
seja	esteja	dê
sejamos	estejamos	dêmos
sejam	estejam	dêem

saber	querer	ir
saiba	queira	vá
saibas	queiras	vás
saiba	queira	vá
saibamos	queiramos	vamos
saibam	queiram	vão

The seventh exception is **haver**, which has the 3rd person present subjunctive **haja**. See also the table of verbs in the Appendix.

40 USES OF THE SUBJUNCTIVE

Generally speaking the subjunctive expresses a possibility, doubt, wish, or something contrary to actual fact. It corresponds to 'may', 'should', and 'might' in English.

The subjunctive is used in subordinate clauses.

1 After the verb in the main clause expresses doubt, command, denial, wish, prohibition, permission, hope, request, regret, and verbs of emotion (to be sorry, to be sad, to be happy, to fear)

main clause	subordinate clause
Quero	**que você saia.**
I want	you to go out.
	(literally 'that you should go out')

Duvido que ele venha hoje.
I doubt whether he will come today.
(literally 'that he may come')

Espero que ela esteja melhor.
I hope she is better.
Lamento que não possamos vir.
I regret that we are not able to come.
Folgo muito que seja assim.
I am so happy that it is so.
Temo que haja uma guerra.
I fear there may be a war.
Temos pena que eles não falem português.
We are sorry that they don't speak Portuguese.

2 In impersonal sentences

É preciso que vocês estudem muito.
It is necessary for you to study hard. (You must
study hard.)
É provável que eu vá ao Japão.
It is probable that I will go to Japan.

3 After verbs in the negative which express an opinion
or thought

Não acho que ele seja malcriado.
I don't think he is ill-mannered.
Não creio que o governo vá mudar.
I don't believe the government is going to change.

Note that the affirmative does not require the subjunctive:

Creio que o governo vai mudar.
I believe the government is going to change.

4 When speaking of something that may or may not
exist

Há aqui alguém que fale inglês?
Is there anyone here who speaks English?
Procuro uma casa que seja barata.
I am looking for a house that is cheap.

Compare the last with:

Procuro a casa que está anunciada no jornal.
I am looking for the house that is advertised in the paper.

Here the subject is specifically identified and the subjunctive should not be used.

5 After **talvez**, **tomara**, and **oxalá** (see week 5, conversation vocabulary)

Talvez seja verdade.
Maybe it is true.
Oxalá amanhã não chova.
I hope it does not rain tomorrow.
Tomara que ele não venha.
I hope/ wish he doesn't come.

Note that **tomara** is used in northern Portugal and Brazil, while **oxalá** (due to its Arabic derivation) is more frequently heard in Lisbon and the south.

6 After the following conjunctions (adverbial clauses)

a não ser que	unless
antes que	before
até que	until
ainda que	although, though
embora	though, although
mesmo que	even if
se bem que	though, although
contanto que	provided that
para que	so that, in order that
sem que	without

Janto consigo contanto que você pague a conta.
I shall dine with you provided you pay the bill.
Vamos agora sair antes que chova.
We are going to leave now before it rains.

Exercise 29

Translate the following:

1 É preciso que eles estudem muito.
2 Oxalá eles não venham tarde.
3 Talvez eu saia amanhã.
4 Quero que você faça isso imediatamente.
5 Diga-lhe que não entre até que eu o chame.
6 Espero que a sua mulher esteja melhor.
7 Não acho que ele seja um bom jogador de futebol.
8 Queremos um homem que tenha a coragem das suas convicções.
9 Quer queira quer não queira, tenho de assistir à reunião amanhã.
10 Tell him not to go to the meeting.
11 Although I don't speak Portuguese very well, I understand everything.
12 Do you want me to bring you the wine list?
13 It is better for me to go now.
14 I don't think there are any newspapers today.
15 They are sorry you cannot come tonight.
16 Please don't make any noise.

NOTE: please remember that the polite form of command uses the subjunctive.

9

VOCABULARY

até	until
jogador	player
quer queira quer não queira	whether I like it or not
reunião	meeting
lista dos vinhos	wine list
barulho	noise, commotion

The imperfect subjunctive of regular verbs is formed by removing the final letter **r** from the infinitive and adding the endings shown in the table below.

	falar to speak	**comer** to eat	**partir** to leave
eu	falasse	comesse	partisse
tu	falasses	comesses	partisses
você	falasse	comesse	partisse
ele, ela	falasse	comesse	partisse
nós	falássemos	comêssemos	partíssemos
vocês	falassem	comessem	partissem
eles, elas	falassem	comessem	partissem

The imperfect subjunctive of irregular verbs is formed by removing the ending **-mos** from the 1st person plural of the past definite tense (see section 23), and adding the endings shown in the table above. For example:

fazer→ fize/mos (past definite)→ **fizesse, fizesses, fizessemos, fizessem**

There are no exceptions to this rule. The imperfect subjunctive of some irregular verbs is given below.

dar → de|mos→ desse, desses, déssemos, dessem
haver → houve|mos→ houvesse, houvesses, houvéssemos, houvessem
ser/ir → fo|mos→ fosse, fosses, fôssemos, fossem
ter → tive|mos→ tivesse, tivesses, tivéssemos, tivessem
vir → vie|mos→ viesse, viesses, viéssemos, viessem
ver → vi|mos→ visse, visses, víssemos, vissem
estar → estive|mos→ estivesse, estivesses, estivéssemos, estivessem
dizer → disse|mos→ dissesse, dissesses, disséssemos, dissessem

9

The imperfect subjunctive is used in precisely the same circumstances as the present subjunctive, but when the verb in the main clause is in the past tense or conditional tense. For example:

Queria que ele arranjasse um emprego melhor.
I wanted him to get a better job.
Disse-lhe que não se fosse embora.
I told him not to go away.
Ele pediu-me que lhe dissesse que não podia vir.
He asked me to tell you that he could not come.

42 THE FUTURE SUBJUNCTIVE

The future subjunctive of the regular verbs is formed as follows:

	falar	comer	partir
	to speak	to eat	to leave
eu	falar	comer	partir
tu	falares	comeres	partires
você	falar	comer	partir
ele, ela	falar	comer	partir
nós	falarmos	comermos	partirmos
vocês	falarem	comerem	partirem
eles, elas	falarem	comerem	partirem

The future subjunctive of irregular verbs is formed by removing the ending **-mos** from the 1st person plural of the past definite tense and adding the endings shown in the table above.

For example:
fazer → fize|mos→ **fizer, fizeres, fizermos, fizerem**

The future subjunctive is not a factual future. It is used when referring to possible or probable actions and events in a vague future, introduced by the following conjunctions and adverbs:

9

quando when, whenever
se if
enquanto que while
assim que as soon as
logo que as soon as
como as
conforme according to
o que whatever
quem whoever
aquele, aquela que whoever
aqueles, aquelas que those who
onde wherever (also used with the present subjunctive)

The following example makes the use of this tense easier to understand.

Quando formos a Portugal, escrever-te-emos.
When we go to Portugal [which we may or may not], we will write to you.

SET EXPRESSIONS USING PRESENT AND FUTURE SUBJUNCTIVE

There are a number of set formulae in Portuguese which follow the pattern of present + future subjunctive. The most common of these are listed below.

Aconteça o que acontecer ... Whatever happens ...
Haja o que houver ... Whatever there may be ...
Seja quem for ... Whoever it may be ... /Whoever you may be ... (formal)
Diga o que quiser ... Say what you like ...
Seja onde for ... Wherever it may be ...
Faça como quiser ... Do as you please ...

Many other permutations are possible, following the same basic pattern.

9

43 PERFECT AND PLUPERFECT SUBJUNCTIVE

These compound tenses are formed quite easily by combining the present and imperfect subjunctive of the auxiliary **ter** with the past participle as shown in the table below.

	perfect subjunctive	pluperfect subjunctive
eu	tenha falado	tivesse falado
tu	tenhas falado	tivesses falado
você	tenha falado	tivesse falado
ele, ela	tenha falado	tivesse falado
nós	tenhamos falado	tivéssemos falado
vocês	tenham falado	tivessem falado
eles, elas	tenham falado	tivessem falado

These compound subjunctive tenses are used in the situations described in section 40. The following examples illustrate this:

After verbs of emotion:

Espero que tenha vindo.
I hope he has come.
Esperava que tivesse vindo.
I hoped he had come.

After impersonal expressions:

É provável que ele tenha ido a Lisboa.
It is likely that he has gone to Lisbon.
Era provável que ele tivesse ido a Lisboa.
It was likely that he had gone to Lisbon.

After verbs expressing opinion in the negative:

Não creio que tenham chegado.
I don't think they have arrived.
Não pensei que tivessem chegado.
I didn't think they had arrived.

9

Speaking of something that may or may not exist:

Há aqui alguém que tenha visto o meu irmão?
Is there anyone here who has seen my brother?
Havia lá alguém que tivesse visto o seu irmão?
Was there anyone there who had seen your brother?

After **talvez, tomara,** and **oxalá**:

Talvez tenham chegado.
Perhaps they have arrived.
Talvez não o tivessem ouvido.
Maybe they had not heard him.
Oxalá não tenha falado com os meus pais!
I do hope he hasn't spoken to my parents!
Oxalá me tivesses dado ouvidos!
If only you had listened to me!
Tomara que ele não tivesse vindo.
I wish he had not come.

In adverbial clauses:

Dar-lhe-ei as mercadorias contanto que tenha pago a conta.
I'll give you the goods provided you've paid the bill.
Ter-lhe-ia dado as mercadorias contanto que você tivesse pago a conta.
I would have given you the goods provided you had paid the bill.

The pluperfect subjunctive is also used in 'if' clauses referring to hypothetical or impossible situations. This is explained in more detail in the next section.

9

The word for 'if' in Portuguese is **se**. The sequence of tenses used with **se** is determined according to the following system:

1 se referring to real facts

These sentences follow the pattern 'If A is true then B is true'. In such cases, **se** must be followed by the indicative mood. For example:

Se ela compra uma propriedade, é porque tem dinheiro.
If she buys a property it is because she has the money.
Se o marido chegava atrasado, ela inquietava-se.
If her husband arrived late, she used to worry.

In this type of sentence it should normally be possible to substitute 'when' for 'if' without substantially changing the meaning. This is a useful identification test in 'if' sentences.

2 se meaning 'whether'

When **se** means 'whether', it is always followed by the indicative mood, not the subjunctive. For example:

Não sei se ele vem.
I do not know whether he is coming.
Ao rei não lhe importava se morriam os súbditos.
The king did not care whether his subjects were dying.
Não me disse se eles tinham chegado.
He didn't tell me whether they had arrived.

3 se referring to possible events which have not yet happened

In sentences involving actions or events which are possible but have not yet been completed or fulfilled at the time of speaking, then the future subjunctive

9

has to be used. For example:

Se te lembrares, traz-me pêssegos de Portugal.
If you remember, bring me some peaches from Portugal.
Se formos a Portugal, trar-te-emos pêssegos.
If we go to Portugal, we will bring you peaches.

4 se referring to impossible or hypothetical events

When **se** refers to actions or events which are imaginary or speculative, such as those invented for the sake of argument, then the imperfect subjunctive is used.
For example:

Se fosse rico, iria dar uma volta ao mundo.
If I were rich, I would travel round the world.
Se ela tivesse dinheiro, comprava uma propriedade.
If she had money, she would buy a property.

When referring to actions or events in the past which might have happened but did not in fact take place, the pluperfect subjunctive is used. For example:

Se tivéssemos sabido disso, não teríamos dito nada.
If we had known that, we would not have said anything.

9

Exercise 30

Translate the following:

1 Foi pena que ele não pudesse vir.
2 Eu queria que vocês aprendessem português tão depressa quanto possível.
3 Não vi nenhuma casa que me agradasse.
4 Talvez ele tivesse já partido.
5 Se não fosse tão caro comprávamos uma quinta no Algarve.
6 Não queríamos que vocês trouxessem presentes.
7 Não sei se chove.
8 Se chover levo um guarda-chuva.
9 Enquanto os operários não recomeçarem o trabalho não podemos aumentar a produção.
10 Vem a nossa casa quando quiseres
11 Assim que você arranjar um emprego em Moçambique, diga-me.
12 Faça o que puder.
13 Convidem quem desejarem.
14 Aquele que quiser vir comigo que venha.

VOCABULARY

tão depressa quanto possível	as soon as possible
agradar	to please
guarda-chuva	umbrella
enquanto ... não	until
operários	workmen, factory workers
recomeçarem	to start again
aumentar	to increase
vem	come (familiar singular imperative)
faça	do
convidar	to invite
desejar	to wish
que venha	let him come

9

Exercise 31

Translate the following:

1 As soon as you (familiar) can, please ring me up.
2 If he were not so lazy, he would not have lost that job.
3 It was necessary for them to call the police.
4 I told them to go away.
5 Whatever you say, I don't believe she is dishonest.
6 When I retire I shall write many books.
7 You may do as you wish.
8 Whatever happens and in spite of the weather I shall always love England.
9 There was no-one who spoke English.
10 While you (pl.) are in my house you are my guests.
11 I was sorry they were not able to come.
12 If you have lost this opportunity, it is because you wanted to.
13 Although they protested many times, the situation remained the same.
14 Perhaps (maybe) she has told the truth.

VOCABULARY

preguiçoso, mandrião, mandriona (f.)	lazy
ir-se embora	to go away
desonesta	dishonest
reformar-se, aposentar-se	retire
apesar de	in spite of
convidados	guests
oportunidade	opportunity
protestar	to complain, to protest
muitas vezes	many times
continuou na mesma	remained the same

CONVERSATION

Uma avaria de automóvel / A car breakdown

JOAQUINA Olá, como estás? Então por cá?

MAFALDA Sim cheguei ontem, às quatro da tarde. Ainda tentei telefonar-te mas o teu telefone estava impedido.

JOAQUINA Pois estava. Era o meu marido que estava a fazer um telefonema para a França. Foi, por sinal, uma chamada caríssima, porque ele esteve a falar com o sócio francês dele, quáse uma hora. E tu que me contas? Vieste de barco?

MAFALDA Não, por acaso não. Vim de automóvel pela França e Espanha.

JOAQUINA O quê? Vieste sozinha por aí fora?

MAFALDA Não, não. Vim com duas amigas. A viagem correu muito bem até chegarmos à vizinhança de Salamanca. De repente o carro deu um solavanco, derrapou para o sentido contrário e parou, felizmente sem nenhum embate. A surpresa foi tão grande e tudo se passou tão rapidamente que nem nos apercebemos do perigo. O susto veio depois do sucedido, por assim dizer. Descobrimos que era um furo no pneu. Infelizmente tinha me esquecido de trazer as ferramentas.

JOAQUINA Mas que disparate que fizeste!

MAFALDA Bem sei, e jurei nunca mais fazê-lo. Enfim, lá veio um carro que parou. Calcula tu que o motorista era um médico! Fiquei consternada pois talvez ele estivesse a caminho da casa dum doente. Ele foi muito amável e mudou-nos a roda. Ainda bem que não me tinha esquecido do pneu sobresselente!

JOAQUINA Também digo! Foi este o único azar que tiveram?

9

MAFALDA	Não. Assim que passámos a fronteira, o carro teve outra avaria.
JOAQUINA	Não me digas! Mas que pouca sorte!
MAFALDA	É verdade! Graças a Deus encontrámos um bom mecânico que atendeu à embraiagem, afinou os travões e carregou a bateria. Foi uma despesa com que não contávamos e a falta deste dinheiro faz-nos uma grande diferença.
JOAQUINA	Mas naturalmente! Faria a qualquer pessoa. Olha! Vê lá que já são cinco horas. Ai, meu Deus, como o tempo voa! Tenho que me encontrar com o meu marido às cinco e meia para depois irmos à 'soirée' duma peça que tem tido muito êxito. Telefona-me amanhã para marcarmos o dia que vens a minha casa para jantar. Um dia que estejas disponível. Adeus, até amanhã.

VOCABULARY

avaria	breakdown (applies to anything out of order, like the TV, etc)
Então por cá?	What? You over here?
tentar	to try, to attempt
impedido, ocupado	engaged (telephone)
por sinal	as it happens, as a matter of fact
sócio	partner
contar	to tell
por acaso	actually, as a matter of fact
sozinha	alone
por aí fora	all that way
correu muito bem	went very well
vizinhança	neighbourhood, outskirts of
de repente, de subito	suddenly
solavanco	jolt
derrapar	to skid
contrário	opposite

9

embate	collision
(in Brazil: **descontrole**)	
embater	to collide with
perigo	danger
susto	fright, shock
sucedido	event
por assim dizer	so to speak
furo no pneu	puncture in the tyre
infelizmente	unfortunately
ferramentas	tools
disparate	foolish mistake, silly thing, nonsense
bem sei	I know
jurei	I swore
fiquei consternada	I was dismayed, aghast
roda	wheel
ainda bem	just as well, so pleased, so relieved
pneu sobresselente	spare tyre
também digo!	I'll say so! I agree!
o único azar	the only piece of bad luck
fronteira	frontier
que pouca sorte	what bad luck
graças a Deus	thank God
embraiagem	clutch
afinar os travões	to adjust the brakes
(in Brazil: **acertar os freios**)	
carregar a bateria	to charge the battery
despesa	expense
com que não contávamos	which we did not expect, which we weren't counting on
Olha!	Oh look!
vê lá	just imagine
meu Deus	goodness me, my God
como o tempo voa	how time flies
soirée	evening show
peça	play
êxito	success
disponível	available, free

9

DIALOGUE

ANA As férias estão quase a acabar. Quem me dera que elas nunca acabassem.

PEDRO Eu também seria mais feliz se não tivesse que trabalhar. Mas, no ano que vem vou ter este desejo, isto é, se eu obtiver a minha licenciatura.

ANA Que sorte! E o que vais fazer?

PEDRO Vou visitar Macau, assim como Hong Kong e, já que estou naquela parte do mundo, irei visitar o Japão e a China, se Deus quiser.

ANA E quem vai pagar isso tudo?

PEDRO O meu pai, claro. Ele tinha me dito que se eu não 'chumbasse' nos exames, ele me oferecia esta viagem. Oxalá ele não falte ao prometido.

ANA Claro que ele não vai fazer isso. Quem me dera que o meu fizesse o mesmo. Não seria bom se nós fôssemos juntos?

PEDRO Seria. Mas, mesmo que não vás comigo eu lembrar-me-ei sempre de ti. E, aconteça o que acontecer, a nossa amizade não morrerá.

ANA Espero que não.

VOCABULARY

Quem me dera	(simple pluperfect of **dar**) How I wish!
obtiver	(fut. subj. of **obter**) if I get, obtain
licenciatura	B. A., graduation
se Deus quiser	(fut. subj. of **querer**) God willing
se eu não chumbasse	(imp. subj.) if I didn't flunk (the exams)
faltar ao prometido	to go back on his word, to fail in his promise
se fôssemos juntos	(imp. subj. of **ir**) if we went together
amizade (f.)	friendship

9

PRACTICE EXERCISE 9

Answer the questions, checking against the dialogue:

1 O que desejam o Pedro e a Ana?
2 O Pedro que espera fazer no próximo ano?
3 Quem lhe oferece essa viagem?
4 Que condição lhe impôs o pai?
5 Por que razão ele vai visitar Macau e Hong Kong?
6 Que receia o Pedro?
7 Qual é o desejo da Ana?
8 Que lhe promete o Pedro?
9 Se o/a estudante tivesse muito dinheiro, o que faria?
10 Concorda que seria bom nunca trabalhar?

9

Week 10

45 THE PERSONAL INFINITIVE

The personal infinitive is unique to Portuguese. It is an infinitive with personal endings to indicate the person to whom the infinitive refers. It can serve to simplify the grammar of sentences, for instance replacing the more complicated subjunctive.

The formation of the personal infinitive is the same for all verbs, without exception. It has only one set of endings, whether the verb is regular or irregular, and it can be used with subject pronouns ('I', 'you', 'he', 'she', etc).

Conjugating the personal infinitive

	singular	plural
1st person	**eu falar**	**falarmos**
2nd person (familiar)	**falares**	
2nd person (informal)	**você falar**	**falarem**
3rd person	**ele/ela falar**	**falarem**

USES OF THE PERSONAL INFINITIVE
1 In place of the subjunctive

The personal infinitive can replace the subjunctive after such verbs as **lamentar**, **agradar**, **surpreender**, **folgar**, **estranhar**, **recear**, and similar.

subjunctive: **Surpreende-me que estejas cansado.**
pers. inf.: **Surpreende-me estares cansado.**
It surprises me that you are (should be) tired.
subjunctive: **Lamento que estejamos atrasados.**
pers. inf.: **Lamento estarmos atrasados.**
I am sorry (regret) we are late.

NOTE: When expressing a wish or hope, use the subjunctive if the subject of the second verb is different from that of the main clause:

Espero que venhas amanhã.
I hope you come tomorrow.

The personal infinitive can also replace the subjunctive in impersonal expressions:

subjunctive: **E bom que estudes muito para que fiques aprovada no exame.**
pers. inf.: **E bom estudares muito para ficares aprovada no exame.**
It's good you study very hard so that you pass the exam.
subjunctive: **É pena que não estejam aqui.**
pers. inf.: **É pena não estarem aqui.**
It's a shame they are not here.

It can also replace the subjunctive after certain conjunctions, if they can be turned into prepositions, such as **para que = para; até que = até; sem que = sem**, etc. **antes que** becomes **antes de; depois que** becomes **depois de**:

subjunctive: **Partiram sem que lhes disséssemos adeus.**
pers. inf.: **Partiram sem lhes dizermos adeus.**
They left without our saying goodbye to them
subjunctive: **Vou sair antes que chova.**
pers. inf.: **Vou sair antes de chover.**
I am going out before it rains.
subjunctive: **Não te perdoo até que peças perdão.**
pers. inf.: **Não te perdoo até me pedires perdão.**
I am not forgiving you until you apologise to me.

The following conjunctions must use the subjunctive: **embora, contanto que, ainda que, se bem que, a não ser que; mesmo que**, turned into **mesmo se**, and **logo que** both use the future subjunctive.

10

2 To express 'on doing something'

The personal infinitive is a simple and convenient way of expressing the English construction 'on' + present participle. It can be used in combination with past, present and future tenses. For example:

Ao chegarem, encontraram-se logo com o Primeiro Ministro.
On arriving, they met the Prime Minister at once.

In English, to avoid ambiguity, we would say, 'On their arrival … '. But in Portuguese, the ending **em** clearly identifies 'them' as the subject. Another example:

Ao entrarmos, vimos o ladrão.
On entering (as we entered), we saw the thief.
(Note: Do not use subject pronouns after **ao** + pers. inf.)

3 After the preposition **a** in a concessional clause

A portarem-se deste modo, vão/irão parar na prisão.
If they behave in this way they will end up in prison.

4 To express the reason for doing something

por plus the personal infinitive is a succinct way of replacing **porque** + indicative. For example:

indicative: **Não te escrevemos porque não sabíamos a tua morada.**
pers. inf.: **Não te escrevemos por não sabermos a tua morada.**
We did not write to you because we did not know your address.
indicative: **Inácio partiu porque chegou a sua sogra.**
pers. inf.: **Inácio partiu por chegar a sua sogra.**
Ignatius departed because his mother-in-law arrived.

5 Colloquial use to express irony, sarcasm, or incredulity

When the personal infinitive is used in this way, the meaning is conveyed as much by intonation as by the form of verb. Such expressions are usually best rendered into English by the use of an extra phrase. Consider:

Tu, estudares?
You? Studying?
(*or* What? You're actually studying?)
Nós, mentirmos por causa de você?
Us? Tell lies on your account?
(*or* Do you really expect us to tell lies for your sake?)

Exercise 32

Translate the following:

1 Este livro é para lermos.
2 Não quero comprar o carro sem tu concordares.
3 É pena não poderes vir no próximo domingo.
4 Foi bom trazerem os vossos casacos porque vai estar frio.
5 Receio estarem zangados comigo.
6 Não vieram por estarem cansados.
7 Foi impossível irmos à tourada.
8 Vocês, ganharem a taça mundial?
9 They are going to leave before we arrive.
10 It was impossible for us to see the minister.
11 It surprises me your (familiar) saying a thing like that.
12 I said goodbye to them before they left.
13 I cannot give an opinion until we know everything.
14 We didn't have lunch because we did not have time.

10

46 THE PRESENT PARTICIPLE ('SAYING', 'DOING', ETC)

The present participle is formed by removing the **r** from the infinitive and adding **-ndo** to the stem.

falar	**falando**	speaking
comer	**comendo**	eating
abrir	**abrindo**	opening

The use of the present participle in Portuguese is much more limited than in English. It cannot be used as a noun. It is used principally in adverbial clauses.

For example:
Lá continuaram a sua viagem, passando por aldeias, atravessando rios e subindo montanhas.
There they continued their journey, passing through villages, crossing rivers, and ascending mountains.

The Portuguese present participle can be used to translate 'on' + present participle in English ('on doing') only when the action described by the present participle precedes the action of the verb in the main clause, or the two actions are simultaneous.

For example:
Dizendo isto, desapareceu.
On saying this, he disappeared.

Sendo assim, aceito com prazer.
This being the case, I will accept with pleasure.

47 USES OF THE INFINITIVE

There are some important instances in Portuguese where the infinitive must be used where in English we use the present participle.

1 Continuous actions

In Portuguese, continuous actions are not expressed by the present participle, as they are in English. Instead, the infinitive is used with the appropriate form of **estar a**.

For example:
Estou a ler o jornal.
I am reading the paper.
Estavam a jogar futebol.
They were playing football.

However, when the action takes place over a prolonged period, it is preferable to use **andar a** + infinitive instead of **estar a**.

For example:
Ando a aprender português.
I am learning Portuguese.
Andam a construir uma nova câmara municipal.
They are building a new town hall.

It is also common in Portuguese to use the simple present and imperfect tenses to express continuous action in the present and past respectively.

For example:
Aonde vais? Where are you going?
Que fazias? What were you doing?

10

In Brazilian Portuguese, however, the present participle is used in continuous tenses. Thus it follows the English pattern exactly:

Eles estão jogando futebol.
They are playing football.

2 In place of the gerund

In English, when a verb is used as a noun (the gerund), it is the present participle that is used. In Portuguese it is the infinitive that performs this function.

For example:
É proibido fumar. No smoking allowed.

48 'POR' AND 'PARA'

The prepositions **por** and **para** are both used to mean 'for' in various situations, as well as having other meanings that are easy to confuse. Although the examples below will help to distinguish between uses of **por** and **para**, it is important to observe carefully how they are used when you come across them in speech or writing and to memorise individual cases when the distinction is not clear.

USES OF 'POR'
1 'On behalf of …', 'on account of …'

Eu pago a conta por você.
I will pay the bill for you. (on your behalf)
Ele lutou por ti.
He fought for you. (on your behalf, or on your account)

2 In exchange for …

Troco este casaco pelo seu chapéu.
I will give you this coat for your hat.

10

3 In expressions of time

por is used in a number of expressions of time, mainly relating to duration or frequency. When it relates to frequency, it corresponds exactly to the use of 'per' in English:

Eles vieram por duas semanas.
They came for two weeks. (duration)
Ele vai a Paris duas vezes por semana.
He goes to Paris twice a week. (frequency)
Pela primeira vez, vi que ela era bonita.
For the first time, I noticed that she was pretty.

4 **por** meaning 'by', 'through', 'along', etc

In most contexts, 'by' is translated by **por**. It is also used to translate 'through' and 'along', especially with verbs of motion. It is frequently used in conjunction with other adverbs to imply motion. For example:

Vou pela praia.
I am going along the beach.
Viajo a Portugal por França.
I travel to Portugal through France.
Vamos pela TAP, naturalmente.
We are going by TAP, of course.
É por aqui ou por ali?
Is it this way or that way?
Por onde desapareceu?
Where did it disappear to?

USES OF 'PARA'

1 Destination, purpose

In this case, **para** is used mainly with verbs of motion and in expressions where giving or sending is implied:

Ele vai para o Brasil. He is going to Brazil.
(See section 49 for more on **para** meaning 'to'.)

10

Estas flores são para ti.
These flowers are for you.
Para que faz você isso?
What are you doing that for?

2 Expressions of fixed time

While **por** is used to express duration ('time within which …') or frequency, **para** refers to 'time at which …':

Tenho hora marcada para as três.
I have an appointment for three o'clock.

3 'About to'

Os pais dele estão para chegar.
His parents are about to arrive.
Estava para comprar um carro alemão, mas mudei de ideias.
I was about to buy a German car, but changed my mind.

4 Viewpoint

Esse trabalho é muito dificil para mim.
This work is very difficult for me.
Este casaco é demasiado grande para ele.
This coat is too big for him.

49 THE PREPOSITIONS 'A' AND 'PARA'

As we have seen in section 10, **a** means 'at' and 'to'. **para**, apart from its other interpretations, also means 'to'. When we speak of destination, **para** expresses permanency or a longer duration than **a**. For example, when going to work in the morning or returning from it at the end of the day, you'd say:

Vou para o escritório. I'm going to the office.
Vou para casa. I'm going home.

But if you were dropping in for a fleeting visit, you'd say:

Vou ao escritório buscar a correspondência.
I'm going to the office to get my mail.
Vou a casa buscar as chaves.
I'm going to my house to get the keys.

Similarly:
Ela vai para o Brasil trabalhar.
She is going to Brazil to work.
Vamos a Paris passar o fim de semana.
We are going to Paris to spend the weekend.

50 SPECIAL USES OF THE DEFINITE ARTICLE

In earlier sections we have seen that in Portuguese, unlike English, the definite article is usually required before possessive adjectives; in Brazil, however, the definite article is not necessary when speaking of family members. For example:

a minha irmã/ minha irmã my sister

However, when the relationship between the possessor and the thing possessed is unmistakably clear – such as is the case with parts of the body or personal clothing – the possessive adjective is omitted altogether and only the definite article is used. For example:

O meu pai abanou a cabeça.
My father shook his head.
O homem tirou o chapéu.
The man took off his hat.

There are occasions when the definite article is used in Portuguese but not in English. The most common are:

Names of people:
a Rita, o José, a dona (D.) Amélia, o senhor doutor Silva, etc

Continents:
a Europa, a Africa

Provinces:
a Estremadura, o Alentejo

Countries:
a Inglaterra
(Portugal and her former overseas colonies do not require the definite article, although the autonomous regions of the Azores and Madeira do: **os Açores, a Madeira**.)

Cities:
do not require the article unless they have a physical meaning, as in **o Porto, o Rio de Janeiro**.

Rivers:
o Tejo the Tagus, **o Tamisa** the Thames, **o Sena** the Seine.

The definite article is used before **Senhor, Senhora**, and **Menina** except in correspondence – in addressing an envelope for example.

In generic expressions:
When referring to a class of persons or things in general, the definite article is used. For example:

Os homens cada vez estão mais simpáticos.
Men (in general) are getting nicer and nicer.
Os cães ladram.
Dogs (in general) bark.

In expressions of time, in combination with the prepositions **em** and **a**:

na quarta-feira passada last Wednesday
no inverno in winter
às três horas at three o'clock

10

Translate the following:

1 Não tenho tempo para escrever cartas.
2 A Sra. (senhora) D. (dona) Amélia vai ao médico na quarta-feira.
3 A minha irmã vai para o hospital na terça-feira para fazer uma operação à garganta.
4 Digo-lhe isto para seu bem.
5 Não foi por querer que o magoei.
6 No mês passado fui a Paris visitar a minha tia.
7 Muito obrigado pela sua amabilidade.
8 Por mim não me importo.
9 I have no news for you. (familiar)
10 He fought for the rights of Mankind.
11 He has gone to London on business.
12 Are you (formal) going home now?
13 Anthony went to Africa to work.
14 I beg your pardon for arriving late.
15 I am going to bed.

VOCABULARY

garganta	throat
por querer	on purpose
magoar	to hurt
não me importo	I don't mind

10

Acidentes e incidentes / Accidents and incidents

1 Catástrofes domésticas

A SENHORA A **Hoje tem sido um daqueles dias de azar. O meu autoclismo recusa-se a funcionar, o cano do lava-louças está entupido e a torneira da banheira continua a pingar sem cessar.**

A SENHORA B **Você tem de chamar um canalizador.**

A SENHORA A **Sim, e não é só ele. A campaínha da porta não toca, não sei porquê. A televisão está avariada e os electricistas estão em greve. A minha mulher a dias não está em greve mas fez gazeta hoje, dizendo que tinha uma grande constipação. E amanhã tenho estes convidados que chegam de Londres para virem passar uma semana connosco. Valha-me Deus! Que vou fazer?**

A SENHORA B **Coitada! Mas não se apoquente desse modo porque não remedeia nada. Eu aconselhava-a a que recebesse os seus convidados muito calmamente e que lhes apresentasse a situaçao duma maneira cómica. Diga-lhes que o ambiente é primitivo. Os ingleses têm um extraordinário sentido de humor e apreciam muito as pessoas que fazem brincadeira de tudo quanto é aborrecido.**

10

mato	woods, undergrowth, scrub
alastrar-se	to spread
oiço	I hear
chorar	to cry
gritar	to shout, to scream
labaredas	flames
avançar	to advance
seco	dry
mortos	dead people (in this case deaths)
ferimentos graves	serious injuries
se Deus quiser	God willing
Olhe!	Look!
competente	efficient
Que pena!	What a shame!
queimado	burnt
atirar	to throw
cigarro	cigarette
chão (m.)	floor, ground

For conversation 3

cuspir	to spit
aviso	notice
parede (f.)	wall
empregado da carris	railway employee

10

PRACTICE EXERCISE 10

Please fill in the blanks with the appropriate forms of the verb (indicated after). When the subject pronoun is shown after the verbal form, this indicates that the personal infinitive is required. Answers are given in the Key on page 242.

Querida amiga Antónia,

Recebi a sua estimada carta há já um mês e ... [sentir-se] muito envergonhada por não lhe ter ... [escrever, *past part.*] ainda.

Acredite que não ... [ser] falta de amizade ou indiferença, mas falta de tempo. Tudo ... [parecer] ter ... [conspirar, *past part.*] para que eu não ... [ter] um minuto de vagar. Tenho ... [ter] pessoas de família em minha casa, uma delas, doente. Ao mesmo tempo, as obras na minha casa ... [começar]. E já não ... [ser, *imp.*] sem tempo! Em face disto tudo acho que você ... [ir] desculpar-me.

Como ... [estar] vocês? Como ... [estar] o tempo aí? Já ... [eu, saber] que tem ... [chover, *past part.*] muito no Algarve. Ainda bem! Oxalá chova mais, pois vocês ... [sofrer] uma prolongada seca, no ano passado, a qual ... [deverl ter ... [causar, *past part.*] grande prejuízo à agricultura. Quando me ... [lembrar] da boa fruta e legumes que eu ... [comer] nessa paradisíaca região! Aqui tem ... [chover, *past part.*] muito, ... [eu, estar] farta de chuva. Se nós ... [poderl exportar chuva para o vosso país, ... [estar, *cond.*] mais ricos e vocês em melhor situação ... [ficar, *cond.*].

... [Eu, agradecer] -lhe muito o seu convite para ... [ir, nós] a Portugal para vossa casa. Vocês ... [ser] muito amáveis mas ... [eu, crer] que não ... [irl ser possível porque já ... [nós, aceitar] o convite que sua irmã nos ... [fazer] para ... [passar, nós] o ... verão de 2004 em Lisboa e ... [assistar, nós] ao Torneio Europeu de Futebol que tanto ... [querer, nós] ver. Talvez você ... [poder] ir também. Se vocês ... [ir], mande-me dizer para ... [poder, nós] estar lá todos juntos. Espero que ... [haver] quartos para todos. Deste modo, eu ... [matar, *imp.*] dois coelhos de uma cajadada. Mas ... [dizer] me com antecedência porque tenho que marcar as passagens muito antes, senão não ... [conseguir, *fut.*] ter nenhum lugar.

Bem, por hoje termino. Cá fico aguardando as suas notícias que me ... [dar] sempre muito prazer, ... [prometer, *pres. part.*] ser pontual para próxima vez, envio beijinhos aos seus filhos, uma festinha ao cão, cujo nome não me ... [recordar], um abraço à sua mãe, cumprimentos ao seu marido e, para si muitas saudades desta sua amiga muito grata.

Mariana

VOCABULARY

envergonhada	ashamed, embarrassed
amizade (f.)	friendship
vagar	(leisure) time (to spare)
obras (na casa)	building work
Já não era sem tempo!	About time too!
prolongada seca	long drought
prejuízo	loss, damage
legumes (m. pl.)	vegetables
paradisíaco/a	paradise-like
farta de	fed up with
agradecer	to thank
juntos	together
matar dois coelhos de uma cajadada	to kill two birds with one stone
com antecedência	in advance, beforehand
marcar as passagens	to book the flights
senão	otherwise
cá fico aguardando	I shall remain awaiting
festinha	a pat, caress
saudades	love (as a closing formula in a letter)

10

Week 11

A menina do mar

—Eu sou uma menina do mar. Chamo-me Menina do Mar e não tenho outro nome. Não sei onde nasci. Um dia uma gaivota trouxe-me no bico para esta praia. Pôs-me numa rocha na maré vaza e o polvo, o caranguejo e o peixe tomaram conta de mim. Vivemos os quatro numa gruta muito bonita. O polvo arruma a casa, alisa a areia, vai buscar a comida. É de nós todos o que trabalha mais, porque tem muitos braços. O caranguejo é o cozinheiro. Faz caldo verde com limos, sorvetes de espuma, e salada de algas, sopa de tartaruga, caviar e muitas outras receitas. É um grande cozinheiro. Quando a comida está pronta o polvo põe a mesa. A toalha é uma alga branca e os pratos são conchas. Depois, à noite, o polvo faz a minha cama com algas muito verdes e muito macias. Mas o costureiro dos meus vestidos é o caranguejo. E é também o meu ourives: ele é que faz os meus colares de búzios, de corais e de pérolas. O peixe não faz nada porque não tem mãos, nem braços com ventosas como o polvo, nem braços com tenazes como o caranguejo. Só tem barbatanas e as barbatanas servem só para nadar. Mas é o meu melhor amigo. Como não tem braços nunca me põe de castigo. É com ele que eu brinco. Quando a maré está vazia brincamos nas rochas; quando está maré alta damos passeios no fundo do mar. Tu nunca foste ao fundo do mar e não sabes como lá tudo é bonito. Há florestas de algas jardins de anémonas, prados de conchas. Há cavalos marinhos suspensos na água com um ar espantado, como pontos de interrogação. Há flores que parecem animais e animais que parecem flores. Há grutas misteriosas azuis-escuras, roxas, verdes e há planícies sem fim de areia fina, branca e lisa. Tu és da terra e se fosses ao fundo do mar morrias afogado. Mas eu sou uma menina do mar. Posso respirar dentro da água como os peixes e posso respirar fora da água como os homens.

—E agora que já contei a minha história leva-me outra vez para o pé dos meus amigos que devem estar aflitíssimos.

O rapaz pegou na Menina do Mar com muito cuidado na palma da mão e levou-a outra vez para o sítio de onde a tinha trazido. O polvo, o caranguejo e o peixe – lá estavam os três a chorar abraçados.

—Estou aqui—gritou a menina do mar.

Taken and abridged from *A Menina do Mar* by Sofia de Melo Breyner, a well-known contemporary poet and a writer of short tales.

11

The little girl of the sea

'I am a little girl of the sea. My name is Little Girl of the Sea and I do not have any other name. I don't know where I was born. One day a seagull brought me in its beak to this beach. It put me down on a rock at low tide and the octopus, the crab and the fish took care of me. The four of us live in a beautiful cave. The octopus tidies the house up, smooths the sand and fetches food. He works more than any of us because he has many arms. The crab is the cook. He makes green broth with seaweed, foam ice-cream and algae salad, turtle soup, caviar and many other recipes. He is a great cook. When the meal is ready, the octopus sets the table. The table-cloth is a white seaweed and the plates are sea-shells. Later, at night the octopus makes my bed with very soft, very green seaweed. But my dressmaker is the crab. He is also my jeweller: he makes my necklaces out of conch-shells, coral and pearls. The fish does not do anything because he has no hands, nor arms with suckers like the octopus nor arms with pincers as the crab has. He only has fins and the fins are only good for swimming. But he is my best friend. As he does not have any arms he cannot punish me. It is with him that I play. When the tide is out we play on the rocks; when it is high tide we go for strolls on the sea-bed. You have never been to the bottom of the sea and so you have no idea how beautiful everything is there. There are forests of seaweed, gardens of sea-anemones, fields of shells. There are sea-horses hanging in the water, looking perplexed like question marks. There are flowers which look like animals and animals which seem to be flowers. There are mysterious grottos – dark blue, purple, green – and there are endless plains with soft, smooth, white sand. You come from the land and if you went to the bottom of the sea you would drown. But I am a little girl of the sea. I can breathe under the water as the fish do, and out of it like men.

'And now that I have told you my story, please take me back to my friends who must be extremely worried.'

The boy picked the Little Girl of the Sea up very carefully in the palm of his hand, and took her back to the place from which he had brought her.

The octopus, the crab and the fish – there they were, the three of them crying in each other's arms.

'I am here', shouted the little girl of the sea.

Translated from the original by M. F. Allen.

Dois cadastrados fugiram do tribunal

Um distúrbio simulado por um detido e sua mulher, no momento em que este se preparava para ser julgado no Tribunal de Paços de Ferreira, veio permitir a sua fuga juntamente com outro detido.

O insólito caso, segundo o «DN» apurou, deu-se na terça-feira, quando Casimiro da Silva de 31 anos, a cumprir uma pena de sete anos na Penitenciária de Coimbra, se preparava para ser julgado no referido tribunal por ter agredido, há cerca de um ano, um guarda prisional na Cadeia Central do Norte.

No mesmo dia, o Tribunal de Paços de Ferreira iria tambem julgar Jaime da Silva de 26 anos, preso em Custóias sob a acusação de ter assaltado uma residência e roubado jóias avaliadas em 400 contos.

Na altura em que o Casimiro aguardava numa sala contígua à sala de audiências o início do julgamento, apareceu a sua mulher, tendo-se estabelecido imediatamente uma cena violenta entre os dois. Aí, os guardas intervieram a separá-los e decidiram encerrar o Casimiro numa cela onde também se encontrava o outro réu.

Pouco depois quando os guardas se dirigiram à cela para trazerem o Casimiro até à sala de audiências, deparou-se-lhes a porta arrombada. Dos detidos nem sinal. No chão, segundo o depoimento dos guardas, encontrava-se abandonado um pé-de-cabra, ferramenta que, no meio da altercação, deve ter sido passada ao Casimiro por sua mulher.

Esta eficiente evasão só não causou grande espanto por Casimiro ser um «especialista» neste domínio. O seu cadastro regista uma série de fugas tal como aconteceu em Custóias, quando saltou o muro da prisão e fugiu no seu próprio automóvel.

From the newspaper *Diario de Noticias.*

11

Two men with prison records escaped from court

A man held in custody, and his wife, faked a disturbance just before his case was due to be heard at the court of Paços de Ferreira, which enabled him to escape together with another detained man.

The unusual occurrence, according to Diario de Noticias, took place on Tuesday when Casimiro da Silva, 31 years old, serving a sentence of seven years at Coimbra prison, was about to be tried in the above-mentioned court for assaulting a prison warder in the Central Northern prison, about a year ago.

The same day, the court at Paços de Ferreira was also going to hear the case of Jaime da Silva, 26 years old, apprehended in Custoais and accused of having broken into a home and stolen jewels worth 400,000 escudos.

While Casimiro waited in a room adjacent to the courtroom for his case to be heard, his wife came in and at once started a violent scene. The guards intervened and decided to lock Casimiro up in a cell already occupied by the other accused.

A little while afterwards, when the warders went to the cell to take Casimiro to the courtroom, they saw the door broken open. Of the detainees – no sign. On the floor, according to the testimony of the warders, there was a crowbar lying abandoned, a tool which must have been passed to Casimiro by his wife during the altercation.

This very efficient escape did not cause great surprise, because Casimiro is already known as a 'specialist' in this field. His record shows a series of escapes, like the one which happened in Custoias when he jumped the prison wall and got away in his own car.

Translated by M. F. Allen.

11

Portugal e Brasil

Nós brasileiros, melhor do que ninguém, podemos falar sobre Portugal e os portugueses. Pois é verdade que no tempo das suas descobertas os navegadores portugueses foram donos de terras em todos os continentes; mas foi no Brasil que ficou realmente a marca do gênio português. Eram eles um povo pequeno, que vivia num pequeno país. E assim mesmo tomaram posse do nosso imenso território e o povoaram. Deram-nos a sua lingua, os seus costumes e a sua religião. Lutavam às vezes com os índios, mas preferiam conviver em paz com eles, juntos fundando novas famílias, povoações e cidades.

Na verdade nós somos o que o português nos fêz. No século passado, quando começaram a chegar ao Brasil as grandes ondas de emigrantes italianos, alemães, árabes, etc., os portugueses já estavam aqui trabalhando sòzinhos há mais de trezentos anos. O Brasil já tinha então a sua nacionalidade própria, e não mudou mais. Os recém-chegados é que mudaram e foram assimilados.

Fiéis à nossa formação pacífica, somos um povo pacífico. Fizemos a independência, a abolição da escravatura, a república, sem guerra; e fazemos as nossas revoluçoes quase sem luta ou sem derramar sangue de irmãos. Procurando vencer as dificuldades por meio de entendimentos e não lutando. E podemos dizer que esse amor à compreensão e à paz é a melhor herança que Portugal nos deixou.

From *Modern Portuguese* published in the United States by Alfred A. Knopf Inc., New York and distributed by Random House Inc., New York

11

Portugal and Brazil

We the Brazilians, better than anyone else, can speak about
Portugal and the Portuguese. It is a fact that in the days of
maritime exploration the Portuguese navigators were masters of
lands in all the continents; but it was really in Brazil that the
Portuguese left the mark of their genius.

They were a small nation who lived in a small country. But
they took possession of our immense territory and they
populated it. They gave us their language, their customs and
their religion. Sometimes they fought with the native Indians
but they preferred to live in peace with them, together
founding new families, villages and cities.

Indeed, we are what the Portuguese made us. Last century,
when the great waves of Italian, German and Arab emigrants
began to arrive in Brazil, the Portuguese had already been
working alone in Brazil for more than three hundred years.
Brazil had by then her own identity which stayed the same. It
was the newcomers who changed and were assimilated.

Faithful to our peaceful formation, we are a peaceful people.
We got our independence, abolished slavery, founded our
republic without wars; and we made our revolutions almost
without fighting and without spilling our brethren's blood. We
try to overcome our difficulties by means of understanding and
not conflict. And we can say that this love of understanding
and of peace is the best legacy Portugal left us.

Translated by M. F. Allen.

11

A cozinha portuguesa

A cozinha portuguesa é bem conhecida pela sua rica variedade, com pratos típicos para cada região. Embora não seja tão sofisticada como a francesa é, no entanto, muito saborosa e saudável. É também bastante diferente das outras culinárias europeias. Para os portugueses comer é o maior prazer na vida. Esta predilecção por boa comida reflete-se em inumeráveis expressões populares como, por exemplo: 'ficou tudo em águas de bacalhau'. Na hora das refeições, se alguém por acaso chegar é logo convidado a comer com um 'É servido/a?' Normalmente, a resposta é: 'Não, muito obrigado. Bom proveito!'

Falar da cozinha portuguesa é falar de tomate, o qual se põe em saladas, tanto mista como por si só, com um pouco de cebola e salsa; na sopa e no refugado que é a base do famoso guisado. Até há uma compota de tomate, geralmente feita em casa. Os outros ingredientes são: a cebola, o alho, a folha de louro, o limão, o vinho branco ou tinto, muita salsa e coentros e, não devemos esquecer, o 'piri-piri' agora à venda nos supermercados ingleses.

Quanto à sobremesa, os portugueses normalmente preferem fruta embora haja doces e pudins de fazer crescer água na boca. Estes são consumidos principalmente em dias de festa quando ignoramos dietas e conselhos sensatos sobre a saúde. Não há pudim ou doce que não se faça com ovos, muitos ovos, e açucar. Em contrapartida, usa-se pouca farinha. A canela, quer em pó quer em pau, é um ingrediente indispensável nestes doces e pudins, assim como nos bolos e frituras. Os outros igualmente essenciais são: vinho do Porto, laranjas, limões, amêndoas e nozes.

Os portugueses não podem resistir aos pastéis e bolos com o seu chá ou café e os mais populares são os pastéis de nata ou pastéis de Belém os quais, de preferência, devem ser comidos quentes (tal como fazem na Pastelaria Belém) e pulvilhados de canela. Há inumeráveis pastelarias por todo o país exibindo uma grande variedade de pastéis e bolos únicos, que tentam até mesmo o mais forte.

Começa-se uma refeição quase sempre por uma sopa. Creio que não há outro país com tantas sopas diferentes. A mais conhecida é o Caldo Verde. Depois temos a canja, a sopa de feijão, de grão, sopa de ossos, de carne, de coentros e pão, de massa, de peixe, de legumes, etc.

O prato tradicional português é o bacalhau. Há mais de duzentas receitas de bacalhau de acordo com uns e mais de mil segundo outros. O número varia conforme o número de copos de vinho que beberam durante um grande e suculento jantar português.

M. F. Allen

11

Portuguese cuisine

Portuguese cuisine is known for its rich variety, with typical dishes for each region. Although it is not as sophisticated as French cuisine, it is, nevertheless, very tasty and healthy. It is also quite distinct from other European cuisines.

The Portuguese enjoy eating: for them, it is the greatest pleasure in life. Their love for good food is reflected in numerous popular expressions such as: 'it all came to nothing [lit. like cod's water]'. At meal times, if anyone should, by chance, drop by, he/she is invited with: 'Would you like to partake? [lit. would you like to be served?]'. Usually, the reply is: 'No, thank you. Enjoy your meal!'

When one speaks of Portuguese food, one is speaking of tomatoes. You find them in salads, mixed as well as on their own, with a touch of onion and parsley; in soup and in the 'refogado' [fried onions] which is the basis for the famous 'guisado' [a kind of stew]. There is even a tomato jam, generally home-made . The other ingredients of Portuguese cuisine are: onions, garlic, bay leaf, lemon, white or red wine, a lot of parsley and coriander, and we shouldn't forget the 'piri-piri', which is now available in British supermarkets.

As for dessert, Portuguese people normally prefer to eat fruit though they have a great assortment of puddings and sweets which make one's mouth water. These are eaten especially at parties and celebrations when one ignores diets and sensible advice on health. No pudding or sweet is made without eggs, many eggs, and sugar. On the other hand, they don't use much flour. Cinnamon, whether in powder or stick, is an indispensable ingredient in these sweets and puddings, as well as cakes and sweet fritters. The other vital items are Port wine, oranges, almonds and nuts.

However, the Portuguese cannot resist eating pastries with tea or coffee, and the most popular of all are the 'cream or Belém tarts' which, ideally, should be eaten hot (as they do in the Belém Patisserie) and sprinkled with cinnamon. There are numerous pastry-shops all over Portugal, displaying a great variety of unique pastries and cakes ready to tempt even the strongest.

A Portuguese meal invariably starts with soup. I believe there is no other country with so many different soups. The best known one is 'Green Broth', followed by chicken soup, bean soup, chick-pea, bones, onion, meat, coriander and bread, pasta, fish, vegetable soup, etc.

The Portuguese traditional dish is dried cod. There are more than 200 recipes, according to some and 1000 according to others. The number varies depending on the number of glasses of wine you have consumed during a hearty and succulent Portuguese dinner.

11

Santo António, padroeiro de Lisboa

Santo António de Lisboa, também conhecido por
Santo António de Pádua, nasceu em Lisboa a 15 de Agosto
de 1195. Filho de pais nobres, o seu primeiro nome foi
Fernando de Bulhões.

Estudou as suas primeiras letras na Catedral de Lisboa,
depois no Mosteiro de São Vicente, Lisboa, e no Mosteiro de
Santa Cruz de Coimbra (um centro de cultura), ingressando,
mais tarde, na ordem de São Francisco onde tomou o nome
de Frei António.

Frei António era muito bondoso e humilde apesar de possuir
o dom da palavra e de ser um homem de grande saber. Estas
qualidades tornaram-se célebres na Itália onde pregava e, a
pedido de São Francisco de Assis, ensinava Teologia. O próprio
Papa ficou maravilhado ao ouvir um sermão dele.

Foi o acaso que o levou a Itália quando, vindo de Marrocos
onde tinha ido pregar a sua fé cristã, o seu barco deu às costas
de Sicília, devido a uma grande tempestade.

A 13 de junho de 1231, quando residia em Pádua, Frei
António entregou a sua alma a Deus, com trinta e seis anos
incompletos.

Todos os anos, nesta data, celebra-se em Lisboa – e mesmo
por todo o país – o dia, ou melhor, a noite de Santo António.
Realizam-se festas e a alegria reina por toda a parte. Há cantigas
e marchas pelas ruas de Lisboa; sardinhas assadas e vinho até
altas horas. Nas janelas vêem-se os vasos com mangericos e um
cravo de papel vermelho espetado em cada um deles. É o dia
dos namorados e de se pedir namoro, pois Santo António é o
protector das moças solteiras.

De religioso, não há nada nestas festas as quais, juntamente
com a festa de São João e a de São Pedro respectivamente no
dia 24 e 29 do mesmo mês, têm o nome de Festas Populares.

M. F. Allen

11

Saint Anthony – Lisbon's patron saint

Saint Anthony of Lisbon, also known as St Anthony of Padua, was born in Lisbon on 15th August 1195. Son of noble parents, his original name was Fernando de Bulhões.

He studied at Lisbon Cathedral, St Vincent's Church in Lisbon, Santa Cruz Monastery in Coimbra (a seat of learning), and went on to join the Order of St Francis where he took the name of Friar Anthony.

Friar Anthony was very kind and humble despite being a brilliant speaker [lit. having a talent for speech] and a scholar. He was renowned for these qualities and gifts throughout Italy, where he was preaching and also, at the request of St Francis, teaching theology. The Pope himself stood in wonder when he listened to one of his sermons.

Chance had taken him to Italy when his boat, in which he was returning from preaching in Morocco, ended up in Sicily after a violent storm.

On 13th June 1231, when he was living in Padua, Friar Anthony departed this life [lit. gave his soul to God]. He was not quite 36 years old.

Every year, this date is celebrated in Lisbon – in fact throughout the country – as St Anthony's Day, or rather, St Anthony's Night. Festivities take place and merrymaking reigns everywhere. There are songs and 'marchas' [traditional Lisbon dances as they parade] through Lisbon's streets, charcoal-grilled sardines and wine far into the night. On the window-sills one can see flower pots with 'mangericos' [a kind of sweet basil grown for its aroma and decorative purposes around this time] and a red paper carnation stuck in each of them. This is the day for lovers and the day when boy asks girl to go out with him, for St Anthony is the protector of single girls.

There is nothing religious about these festivities which, together with St John's and St Peter's Days, respectively on 24th and 29th June, have the name of Popular Festivities.

11

Writing letters

Here is some guidance on how to begin and end correspondence, followed by a model business letter. Refer also to the personal letter in week 10's Practice section on page 190.

The date is generally prefaced by the name of the place the sender is writing from: **Londres, 23 de Setembro de 2002** or **Londres, 2002-3-23**.
(Note that although, in accordance with a new agreement on spelling, months are supposed to be written in lower case, as in Brazil, but very few people in Portugal or the rest of the Portuguese-speaking world have adhered to this change. So months are still generally written with an initial capital letter.)

1 If writing to friends or colleagues, begin with **Querido** or **Querida ...** (Dear ...), depending of course on the friend's gender; equally, you could start with **Caro/a ...:**

Querida Natália; Caro Paulo; Querida amiga.

Depending on the degree of familiarity or friendship, carry on with (1A) the familiar verbal form of '**tu**' or (1B) of '**você**':

1A
Então como vais? Já viste o Pedro? Dá-lhe um abraço da minha parte. Quando vens a Londres? Já sinto saudades de ti e de Sintra.
Well, how are things with you? Have you seen Peter? Give him a hug from me. When are you coming to London? I am missing you and Sintra.

1B
Espero que você esteja bem e o seu marido vá melhor. Quando é que vocês vêm cá?
I hope you are well and that your husband is better. When are you (pl.) coming here?

2 There is another form of address which is neither familiar nor formal, but which is friendly and at the same time courteous. It uses the forename followed by the

11

same verbal form as for **'você'**. This style is preferred by those who do not like using **'você'**:

Cara Rita, Como está? Há quanto tempo que ando para lhe escrever! Infelizmente não tenho tido um momento para o fazer. Eu sei que a Rita vai desculpar-me. Quero agradecer à Rita o seu amável convite para eu ir a Lisboa passar o Carnaval consigo ... Dear Rita, How are you? I have been meaning to write to you for so long! Alas, I have not had one moment to do it. I know that you will forgive me. I want to thank you for your kind invitation for me to come to Lisbon and spend Carnival with you ...

3 In formal or business letters the 'Dear Sir' or 'Dear Madam' formula is expressed by **Exmo. Senhor** or **Exma. Senhora**. If you are writing 'Dear Sirs', put **Exmos. Senhores** or **Amigos e Senhores**.

Exmo./a. is an abbreviation of **Excelentíssimo/a**; in Brazil the abbreviation is written as **Ilmo./a.**, being short for **Ilustríssimo/a**.

Thereafter in such letters, 'you' is normally translated by **V.Exa.** for **Vossa Excelência** (both genders, singular) and **V.Exas.** in the plural. (In Brazil: **V.Sia. (Vossa Senhoria)**, plural **V.Sias.**) Thus:

Acuso a recepção (or: o recebimento) de vossa carta datada 2002-3-12, na qual V.Exas. nos perguntavam se nós ainda estávamos interessados em manter relações com a vossa firma ... I acknowledge receipt of your letter dated 12th March 2002, in which you were asking if we were still interested in maintaining our relations with your firm ...

4 When it comes to ending your letter, the closing formulae (as you'd expect) depend upon how well you know your correspondent. Referring back to the paragraph numbers above:

11

(1A)
Um grande abraço para ti ; Um beijinho; Saudades.
A hug/a kiss for you; Love; Missing you.

saudades, the Portuguese term for longing, yearning,
can be used to signify anything from 'love' to 'regards'.

(1B and 2)
Abraços para si e seu marido.
Love (embraces) to you and your husband.
Cumprimentos ao seu marido/à sua familia.
Best regards to your husband/to your family.

Carta comercial em resposta a uma queixa

Lisboa, 8 de maio de 20_

Exmos. Senhores
Fonseca & Ca.
Porto

Amigos e Senhores

Venho acusar a recepção da v/ estimada carta de 17 do mês
findo, na qual V. Exas. se queixam da demora na entrega das
mercadorias encomendadas pelo vosso favor de 11 de agosto.

Não foi por culpa nossa que elas não foram expedidas, mas
devido à greve dos trabalhadores da doca, que durou uns 15
dias. Logo que seja possível darei por telegrama a data do
embarque.

Lamentando a inconveniencia que esta demora lhes cause,
somos com estima e consideração.

De V. Exas.
Atenciosamente

Assinatura

11

(3)
**Cordiais saudações; Com estima e consideração,
subscrevo-me**
Best regards, *or* Yours sincerely/Yours faithfully

De V.Exas.   In Brazil: **De V.Sias.**
Atenciosamente   **Atentamente**
Yours faithfully   Yours faithfully

Commercial letter in reply to a complaint

Lisbon, 8 May 20_

Messrs Fonseca & Co.
Porto

Dear Sirs,

I acknowledge receipt of your [esteemed] letter of the 17th of
last month, in which you have complained about the delay in
the delivery of the goods you ordered in your letter of the 11th
of August.

It was not through any fault of ours that they were not
forwarded, but due to a strike by dock workers, which lasted
15 days. I shall send you a telegram, as soon as possible, giving
the date of their despatch.

We very much regret and apologise for the inconvenience this
delay may cause you, and await your kind orders in the future.

Yours faithfully,

Signature

11

Week 12

- idiomatic expressions linked to the verbs 'dar', 'deixar', 'estar', 'fazer', 'ficar', 'ir', 'pôr', 'querer', and 'ser'
- Portuguese equivalents of some English idioms
- useful words and phrases for specific situations

EXPRESSIONS LINKED TO CERTAIN VERBS

dar

dar horas to strike the hour
dar corda ao relógio to wind (up) the clock/watch
dar baixa ao hospital to be admitted into hospital
O médico deu-lhe alta. The doctor discharged him (from the hospital). See **ter**
A janela dá para o mar. The window looks out on the sea.
dar para to have a flair for, to be enough for
Ela dá para a música. She has a flair for music.
Este peixe não dá para todos. This fish is not enough for everyone.
dar por to notice
O polícia não deu por isso. The police did not notice it/weren't aware of it/didn't realize it.
dar com to come across, to bump into (someone)
dei com o Carlos no cinema I bumped into Carlos in the cinema
dar-se bem/mal em ... to be well and happy/ unhappy in ... (a place)
Dou-me muito bem no Algarve. The Algarve suits me (the climate, etc).
dar-se bem/ mal com ... to get along well/badly with
Dou-me muito mal com ela. I don't get on with her.
dar em nada to come to nothing
Ele deu en louco. He became mad.
dar à luz to give birth
dar por certo to take for granted
Quem me dera! How I wish! Would that I might! (pluperfect tense of **dar**)
ao Deus dará aimlessly (left to one's own fate)
dar uma vista de olhos to take a quick look at/through

deixar

Ele deixou de fumar. He stopped smoking.
Deixe-me em paz. Leave me alone.
Ela deixou as cartas para outro dia. She put off
(writing) the letters until another day.
Elas deixaram as camas por fazer. They left the beds
unmade.

estar

estar para sair to be on the point of going out
O teatro estava às moscas. The theatre was empty
(literally 'to the flies').
O cinema estava à cunha. The cinema was packed.
O trabalho está por fazer. The work remains undone.
A gasolina está pela hora da morte. Petrol has
become very expensive.
estar de boa maré/má maré to be in a good mood/
bad mood
estar em dia com ... to be up to date with ...
estar com fome/sede (in Brazil: **sêde**) to be
hungry/thirsty
estar com sono/frio/calor to be sleepy/hot/cold
estar com sorte/ciúmes/medo (in Brazil: **mêdo**)
to be lucky/jealous/afraid
estar com pressa/vontade de/razão to be in a
hurry/to feel like/to be right
um mal-estar indisposition, discomfort, embarrassment

fazer

fazer a barba to shave oneself
fazer anos to have a birthday
Ele faz trinta anos hoje. He is thirty today.
Faz bom/mau tempo. The weather is good/bad.
Ela só faz asneiras. She only makes mistakes.
Você fez muito bem/mal. You did the right/wrong thing.
Nadar faz bem à saúde. Swimming is good for the health.

12

fazer as vontades de ... to do the will of/to give in to
the wishes of someone
Farei o possível. I will do my best.
Que é feito dela? What has happened to her?
fazer de bôbo to play dumb
fazer uma viagem to take a trip/to go on a journey

ficar

Este chapéu fica-lhe bem. This hat suits you.
Ele ficou bem no exame. He passed the exam.
Fica para a semana. Let's make it next week.
Fica para a outra vez. We'll make it another time.
Fique descansada. Don't worry, rest assured.
Fico contente. I am so happy (in respect of good news).
Isto fica entre nós. This is between us.
Ele ficou sem dinheiro. He was left without money.

ir

ir ter com to go to meet
ir de encontro a to collide with
ir de avião/de autocarro (in Brazil: **omnibus**)/**de barco**
to fly/to go by bus/boat
ir a pé/a cavalo to walk, to go on foot/to ride
Vai mal de saúde. He is in poor health.
(also: **Está muito mal.**)
Como vão? How are you (pl.)?
Ir a Roma e não ver o Papa. To go Rome and not see
the Pope (i.e. to go to a place and not see what the
place is famous for; or not to accomplish one's mission).
Ela vai aos ares. She hits the ceiling/blows up in a rage.
Vamos! Let's go!
Sempre foi a Portugal? Did you go to Portugal (in the
end/after all)?

12

pôr

pôr a mesa to set the table
pôr de castigo to punish
Ela pô-lo na rua. She turned him out of doors.
(literally 'into the street')
pôr-se a to begin to
Ela pôs-se a falar muito depressa. She began to
speak hurriedly.
O homem põe e Deus dispõe. Man proposes and God
disposes.
sem tirar nem pôr precisely/just like that
o pôr de sol sunset

querer

se quiser if you like
como quiser (queira) as you wish
sem querer unintentionally
Ela fez por querer. She did it on purpose
Queira sentar-se. Please sit down.
Quem quer vai, quem não quer manda. If you want
a thing done, do it yourself.

ser

É isso mesmo. That's just it.
É sempre assim. It always happens that way.
Como foi que ...? How did it happen that ...?
É por minha conta. It's on me. (i.e. I will pay the bill.)
a não ser que unless
se eu fosse você ... if I were you . . .
Seja como fôr ... Be that as it may (in any case).
tal como deve ser as it should be
É a minha vez. It is my turn.
o ser humano the human being

12

PORTUGUESE EQUIVALENTS OF SOME ENGLISH IDIOMS

What is it about? **De que se trata?**
Say no more about it. **Não fale mais nisso.**
Forget about it. **Não pense mais nisso.**
ages ago **há muito tempo**
all at once **de repente**
all the better **tanto melhor**
It is all the same to me. **É-me indiferente./Tanto se me dá.**
as it were/so to speak **por assim dizer**
as you like **como quiser**
to back out (of an agreement) **faltar ao prometido**
Stop beating about the bush. **Deixe-se de rodeios.**
I hope you will soon be better. **Desejo-lhe as melhoras.**
By the way ... **A propósito ...**
How did it come about? **Como aconteceu isso?**
Come on!/Come along!/Let's go! **Vamos!**
to be at ease **pôr-se à vontade/estar à vontade**
Take it easy. **Não se canse.**
to fall asleep **adormecer**
to fall in love **apaixonar-se**
to get dark **escurecer/anoitecer**
It is getting late. **Está a fazer-se tarde** (in Brazil: **entardecendo**).
to get the sack **ser despedido**
Get out! **Fora!/Rua!**
How are you getting on? **Como lhe corre a vida?/Como vão as coisas?**
I couldn't get a word in edgeways. **Não consegui abrir a boca./Não abri bico.**
I give in. **Desisto./Dou-me por vencido.**
I give up. **Desisto.**
I am going to get ready. **Vou-me arranjar./Vou-me aprontar.**
going like hot cakes **vendendo-se muito bem**
He is hard up. **Ele está em apuros/sem dinheiro.**
I work hard. **Trabalho muito.**
hard to please **difícil de contentar**
He has hardly said one word. **Ele mal disse uma palavra.**
Help! **Socorro!**

Can't be helped! **Não há remédio!/Que remédio!**
Help yourself! **Sirva-se!**
a long way off **a uma grande distancia**
So long! **Adeus!/Até logo!**
to look after **tomar conta de/olhar por**
to look like **parecer-se com**
to make a mistake **enganar-se**
to make the most of it **tirar o melhor partido**
to make up one's mind **decidir-se a**
Never mind./It doesn't matter. **Não faz mal./Não tem importância.**
Do you mind? **Importa-se?**
Mind the step! **Cuidado com o degrau!**
Mind your own business. **Meta-se na sua vida./Isto não tem nada a ver consigo.**
to be in a good frame of mind/in a good mood **estar bem disposto**
She does not mince words. **Ela não tem papas na língua.**
more or less **mais ou menos**
to the right **à direita**
to be right **ter razão**
It is all right. **Está bem.**
You haven't the right. **Não tem o direito.**
right and wrong **o bem e o mal**
It serves you right! **É bem feito!**
You don't say!/Don't tell me! **Não me diga!**
to be out of one's senses **perder o juizo**
to drive out of his senses **fazer perder a cabeça a ...**
It does not make any sense. **Não faz sentido nenhum.**
so-so **assim assim**
to take advantage of (to take the opportunity) **aproveitar-se de**
to take (unfair) advantage of **tirar partido de/abusar**
to take a photograph **tirar uma fotografia**
to take place **realizar-se/efectuar-se**
It takes all the fun out of it. **Tira-lhe a graça toda.**
Where there's a will there's a way. **Querer é poder.**
That's up to you. **Isso é consigo.**
against my will **contra minha vontade**
If God wills it. **Se Deus quiser.**
It is not worth while. **Não vale a pena.**

12

More useful words & phrases

em viagem/travelling

Há uma demora de duas horas. There is a delay of two hours.
O avião está atrasado. The plane is late.
devido ao nevoeiro/greve due to fog/strike
Onde é a alfândega/o Posto de Pronto-Socorro/a saída? Where is the Customs/the First-Aid Post/the exit?
Tem alguma coisa a declarar? Have you anything to declare?
Falta-me uma mala. One suitcase of mine is missing.
cinto de segurança safety belt
É proibido fumar. Smoking not allowed.
Sinto-me enjoado/-a. I feel air-sick (sea-sick).
Onde são os lavabos/é o toilete/é a retrete? Where are the lavatories?
A que horas atracou o barco? What time did the boat arrive?
Os passageiros já estão a desembarcar. The passengers are already disembarking.
As passagens são caras. The fares (by boat or plane) are expensive.
bagageiro porter

no comboio/on the train

Quero dois bilhetes de ida e volta para o Porto.
I want (would like) two return tickets for Oporto.
É preciso marcar os lugares? Is it necessary to book the seats?
De que linha parte o comboio (in Brazil: **trem**) **rápido/correio para ...** From which platform does the express train/mail train leave for ...
É directo ou tenho de mudar (in Brazil: **... de trocar**)**?** Is it direct or do I have to change?
vagão-restaurante dining-car
vagão-cama (in Brazil: **vagão-dormitório**) sleeping car
sala de espera waiting-room
carregador porter

depósito de bagagens left luggage office
O comboio vem à tabela (in Brazil: **... no horário certo**)**/atrasado/adiantado?** Will the train be on time/late/early?
estação dos caminhos de ferro railway station

de carro/by car

auto-estrada motorway
estrada nacional class A road
passagem de nível level crossing
passagem de peões/passadeira pedestrian crossing
sentido único one way
perigo danger
desvio diversion
curva perigosa dangerous bend
estacionamento proibido no parking
trabalhos/obras (in Brazil: **trabalhadores**) road works
estação de serviço service station
bomba de gasolina petrol pump
Mostre-me a sua carta de condução (in Brazil: **carteira de motorista/carta de direção**). Show me your driving licence.
matrícula registration number

avarias/car breakdown

Rebentou-me um pneu. One of my tyres has burst.
A bateria está descarregada. The battery is run down.
afinar os travões (in Brazil: **acertar os freios**) to adjust the brakes
Preciso de ar nos pneus. I need air in the tyres.
uma lata de óleo a tin of oil
água no radiador water in the radiator
faróis headlights
tubo de escape exhaust pipe
velas spark plugs
mudanças gears
caixa de velocidades gear-box

12

embraiagem clutch
pára-brisas windshield
limpa pára-brisas wipers
roda sobresselente spare tyre
marcha atrás (in Brazil: **marcha a ré**) reverse
ponto morto neutral

acidentes/accidents

feridos/mortos injured/dead
Mande chamar o médico. Call for the doctor.
Desmaiou./Está a sangrar. He has fainted./He is
  bleeding.
A ambulância já vem. The ambulance is on its way.
Embateu em/Chocou com ... It hit .../ It crashed
  against ...
camioneta lorry, coach
bicicleta bicycle
Tentava ultrapassar o outro. He was trying to
  overtake the other.
Ia a grande velocidade. He was going (travelling) at
  high speed.
Atropelou um cão. He ran over a dog.
O carro derrapou. The car skidded.
rua escorregadiça/escorregadia slippery road
testemunhas witnesses
Ouvi o barulho. I heard the noise.

no consultório médico/at the doctor's

Estou constipado (in Brazil: **resfriado**). I have a cold.
O senhor está com a gripe. You (m.) have influenza.
receita/remédios prescription/medicine (medicaments)
**Tenho dores de cabeça/das costas/da garganta/da
  barriga.** I have a head-ache/back-ache/sore throat/
  tummy-ache.
insolação sun-stroke
intoxicação alimentar food poisoning
enxaqueca migraine

febre fever
Desloquei o braço/o tornozelo. I sprained my arm/my ankle.
Deite-se. Dispa-se. Vista-se. Lie down. Get undressed. Get dressed.
injecções/xarope/comprimidos/pomada/tónico injections/cough mixture/tablets/ointment/tonic
dar baixa ao hospital to go into hospital
Teve alta do hospital. He was discharged from hospital.
Estimo as melhoras. I hope you will get better (soon).
enfermeira/enfermeira-chefe nurse/sister
prisão de ventre constipation
tonturas dizzy spells
arrepios de frio cold shivers
fraco, fraca weak

dentista/dentist

dores de dentes toothache
Abra a boca. Open your mouth.
Vou tirar uma radiografia. I am going to take an X-ray.
Precisa de arrancar este dente. You need to have this tooth (pulled) out.
Este dente precisa de ser chumbado. This tooth needs to be filled.
Tem uma cárie. You have a decayed tooth.
Quanto é a consulta? How much is the consultation fee?
Está a doer-me/magoar-me. You are hurting me.

no hotel/at the hotel

A que horas é o pequeno-almoço (in Brazil: **café da manhã)?** What time is breakfast (served)?
Pode acordar-me às sete horas? Can you wake me up at seven?
O horário das refeições está no seu quarto. The list of meal times is in your room.
pensão completa/meia-pensão full board/half-board

12

só dormida room only
quarto de casal com casa de banho (in Brazil: **com banheiro**) double room with bathroom
quarto para pessoa só com chuveiro single room with shower
Preciso de uma outra almofada/cobertor. I need another pillow/blanket.
Como se acende/apaga a televisão/a luz? How do you switch on/off the T.V./the light?
Onde se pode alugar um automóvel? Where can one hire a car?
O ar condicionado/aquecimento central está avariado. The air conditioning/central heating is not working.
Como se abrem os estores? How do you work these blinds?
Estão incluidos o serviço e o imposto? Does that include all service and taxes?
Onde fica a piscina? Where is the swimming-pool?
Tenho uma reclamação/queixa a fazer I have a complaint to make.
Onde está o gerente? Where is the manager?
Gostei da estadia. I enjoyed my stay.
É muito amável. You are very kind.
Obrigado/Obrigada pela sua ajuda. Thank you for your help.

no restaurante/in the restaurant

Traga-me a ementa/a conta. Please bring me the menu/the bill.
garrafa de vinho tinto/branco bottle of red/white wine
pão com manteiga/compota bread and butter/jam
torrada toast
O que me recomenda/aconselha? What do you recommend?
prato do dia dish of the day
mal passado/bem passado/picante rare/well-done/spicy
Preciso de sal/pimenta/mustarda. I need salt/pepper/mustard.

Não tenho guardanapo. I haven't a napkin.
Esqueceu-se da salada. You have forgotten the salad.
jarro de água jug of water
Não como carne/peixe. I don't eat meat/fish.
Este copo esta sujo. This glass is dirty.
Falta uma faca/uma colher/um garfo. A knife/
spoon/fork is missing.
A refeição estava óptima/excelente. The meal was
super/excellent.
a gorjeta the tip
Fique com o troco. Keep the change.
Não quero mais. Basta./Chega. I don't want any
more. Enough!
um pouco mais a little more

casas e situações domésticas/ house and
household (domestic situations)

anúncio advertisement
venda/compra/renda sale/purchase/rent
senhorio/inquilino/notário landlord/tenant/solicitor
escritura/câmara deeds/town hall
contribuição predial/camarária municipality
rates/council tax
casas assoalhadas/divisões rooms (not counting
kitchen, bathroom)
Já dei o sinal. I have already given the deposit.
Ela vai mudar-se. She is going to move (house).
orçamento/despesas estimate (budget)/expenses
O autoclismo não funciona. The flush is not working.
A torneira da banheira/do lavatório está a pingar.
The tap of the bath/wash-basin is dripping.
Os canos estão entupidos. The pipes are blocked.
A mulher a dias hoje fez gazeta. Today the daily has
not turned up.
passar a ferro/engomar to iron
lavar a louça/a roupa to wash up/wash clothes
Esta saia precisa de ser limpa a seco. This skirt needs
to be dry-cleaned.
Tem muitas nódoas. It has many stains.

O frigorífico está sujo. The refrigerator is dirty.
Esta mesa deve ser encerada. This table should be polished.
A campaínha da porta não toca. The door bell is not ringing.
quarto/sala de visitas/cozinha bedroom/sitting-room/kitchen
casa de jantar/casa de banho/varanda dining-room/bathroom/balcony
O leite está azedo. The milk has gone sour.
As maçãs estão pôdres. The apples are rotten.
Há falta de batatas. There is a shortage of potatoes.
Quero que me descasques estas cebolas. I want you to peel these onions for me.
Vou descascar estas laranjas. I am going to peel these oranges.

compras em geral/shopping (in general)

drogaria drugstore
mercearia grocer
tabacaria tobacconist
Quero dois maços de cigarros ingleses. I want two packets of English cigarettes.
De que marca? Which brand?
Quanto custa? How much is it?
caixa/carteira de fósforos box/book of matches
postais ilustrados/revista/jornal postcards/magazine/newspaper
rolo a cores (in Brazil: **filme em cores**) colour film
Onde se pode mandar revelar? Where can one have it developed?
Onde fica a esquadra/o posto de polícia? Where is the police station?
estação dos correios/selos/via aérea post office/stamps/by air mail
Onde se levantam as encomendas postais? Where does one collect registered parcels?
Tem aqui facilidades para enviarmos um e-mail? Have you (here) any facilities for us to send an e-mail?

sapataria shoe-shop
Estes sapatos não me servem. These shoes do not fit me.
Qual é o tamanho/o número que calça/que veste?
What size/number do you take in shoes/clothes?
salto alto/salto baixo/salto raso high heel/low
heel/flat heel
secção de retrosaria/de chapelaria department of
haberdashery/millinery
tecidos/fazenda/seda (in Brazil: **sêda**)**/algodão/lã**
materials/woollen cloth/silk/cotton/wool
Este casaco (in Brazil: **paletó**) **está-me apertado.**
This coat is tight on me.
Esta cor (in Brazil: **côr**) **não me fica bem.** This colour
does not suit me.

roupa or vestuário e cores/clothes and colours

fato (in Brazil: **terno**)**/saia/casaco** suit/skirt/coat
(jacket)
vestido/calças/calções (in Brazil: **calças de esporte**)
dress/trousers/shorts
fato de banho (in Brazil: **maiô de banho**) swimsuit
sobretudo/camisola/blusa/lenço/lenço de papel
overcoat/jumper/blouse/handkerchief/tissue
impermeável/guarda-chuva/cinto/luvas raincoat/
umbrella/belt/gloves
cinta/meias/cuecas/soutien girdle/stockings/pants/bra
peúgas/camisa de noite (in Brazil: **camisola**)**/roupa
de interior** socks/nightdress/underclothes
gravata/pijama/colete/camisa tie/pyjamas/
waistcoat/shirt
verde/azul/branco/preto/roxo green/blue/white/
black/purple
encarnado/vermelho/amarelo red/dark red/yellow
cinzento/castanho (in Brazil: **marron**)**/cor-de-rosa**
grey/brown/pink
cor de laranja/claro/escuro/dourado orange/light/
dark/gold
prateado/beige/cor de camelo/creme silver/beige/
camel colour/cream

12

cabeleireiro, barbeiro/hairdresser, barber

Quero uma permanente/uma pintura (in Brazil: **tintura**)
I want a perm/tint
um penteado simples/elegante a simple/elegant hairstyle
um corte/só aparado/ripado (in Brazil: **desfiado/a**
unhas feitas) a cut/only trimmed/back-combed
Deixe-o comprido/curto. Leave it long/short.
Tenho o cabelo encaracolado/ondulado/liso. I have
curly/wavy/straight hair.
Não quero o cabelo frisado. I don't want my hair frizzy.
Quanto tempo preciso de ficar debaixo do secador?
How long do I need to be under the dryer?
Quero as minhas unhas arranjadas. I want my nails
done.
Quero só fazer a barba. I just want a shave.
Não toque no bigode. Don't touch the moustache.
Faça o risco ao lado/ao meio. Part it on the side/centre.

divertimentos e desportos (in Brazil: **esportes**)/
entertainment and sports

corrida de cavalos/de bicicleta horse race/bicycle race
equitaçâo/hipismo horse riding/racing
andar a cavalo to ride (a horse)
tourada/toureiro/espada/perícia bullfight/
bullfighter/sword/skill
desafio de futebol (in Brazil: **jogo/partida de**
futebol)**/empate** football match/draw
jogar às cartas/o xadrez/apostar to play cards/
chess/to bet
bilheteira//lotação esgotada (in Brazil: **bilheteria/**
ingressos esgotados) ticket office/house sold out
barco à vela/a motor/remar sailing/motor boat/to row
nataçâo swimming
esquiar/fazer esqui to ski
caça submarina scuba diving
corte/recinto de tenis (in Brazil: **quadra de tênis**)
tennis court
campo de golfe golf course

appendix – verbs

Regular, stem-changing, irregular, and verbs requiring a preposition

REVISION TABLE OF REGULAR VERBS
[only the endings are given]

INDICATIVE MOOD

Present tense			Past definite			Imperfect		
-ar	**-er**	**-ir**	**-ar**	**-er**	**-ir**	**-ar**	**-er**	**-ir**
-o	-o	-o	-ei	-i	-i	-ava	-ia	-ia
-as	-es	-es	-aste	-este	-iste	-avas	-ias	-ias
-a	-e	-e	-ou	-eu	-iu	-ava	-ia	-ia
-amos	-emos	-imos	-ámos	-emos	-imos	-ávamos	-íamos	-íamos
-am	-em	-em	-aram	-eram	-iram	-avam	-iam	-iam

Future*			Conditional*			Past participle		
-ar	**-er**	**-ir**	**-ar**	**-er**	**-ir**	**-ar**	**-er**	**-ir**
-ei	-ei	-ei	-ia	-ia	-ia	-ado	-ido	-ido
-ás	-ás	-ás	-ias	-ias	-ias	(used in forming		
-á	-á	-á	-ia	-ia	-ia	compound tenses,		
-emos	-emos	-emos	-íamos	-íamos	-íamos	such as the perfect,		
-ão	-ão	-ão	-iam	-iam	-iam	pluperfect, etc)		

SUBJUNCTIVE MOOD

Present			Imperfect			Future**		
-ar	**-er**	**-ir**	**-ar**	**-er**	**-ir**	**-ar**	**-er**	**-ir**
-e	-a	-a	-asse	-esse	-isse	-ar	-er	-ir
-es	-as	-as	-asses	-esses	-isses	-ares	-eres	-ires
-e	-a	-a	-asse	-esse	-isse	-ar	-er	-ir
-emos	-amos	-amos	-ássemos	-êssemos	-íssemos	-armos	-ermos	-irmos
-em	-am	-am	-assem	-essem	-issem	-arem	-erem	-irem

Imperative				Present participle		
-ar	**-er**	**-ir**		**-ar**	**-er**	**-ir**
-a	-e	-e	(you, familiar)	-ando	-endo	-indo
-e	-a	-a	(you, formal)			
-emos	-amos	-amos	(let us . . .)			
-ai	-ei	-i	(you, plural, classical language)			
-em	-am	-am	(you plural)			

NOTES:
* When forming the future and conditional of the indicative mood, the endings given above are added to the infinitive: e.g. **falar/ei**, **falar/ia**. In the other tenses, the infinitive endings (-**ar**, -**er**, -**ir**) are dropped: **fal/o**, **fa/ei**, etc.

** The personal infinitive of these regular verbs is formed in the same way as the future of the subjunctive, given above.

STEM-CHANGING VERBS
The stem of the infinitive changes only in the 1st person singular of the present tense indicative and consequently in all persons of the subjunctive.

e to **i**

Infinitive	Present Tense	Present Subjective
seguir (to follow)	**sigo**	**siga, -as, -a, -amos, -am**
preferir (to prefer)	**prefiro**	**prefira,** etc
mentir (to lie)	**minto**	**minta,** etc
vestir (to dress)	**visto**	**vista,** etc
servir (to serve)	**sirvo**	**sirva,** etc
sentir (to feel)	**sinto**	**sinta,** etc
divertir-se (to enjoy)	**divirto-me**	**me divirta,** etc
despir (to undress)	**dispo**	**dispa,** etc
conseguir (to succeed, manage, achieve)	**consigo**	**consiga,** etc
repetir (to repeat)	**repito**	**repita,** etc

o to **u**

cobrir (to cover)	**cubro**	**cubra,** etc
descobrir (to discover)	**descubro**	**descubra,** etc
dormir (to sleep)	**durmo**	**durma,** etc
tossir (to cough)	**tusso**	**tussa,** etc

But verbs **subir** (to climb, to go up), **fugir** (to run away, to flee), **destruir** (to destroy), and **construir** (to build) have the following changes in the present indicative, for example:

eu subo	nós subimos
tu sobes	sobem
ele sobe	

Other stem-changing verbs, which alter in the 1st person singular and subjunctive only:

perder (to lose)	perco	perca, etc
medir (to measure)	meço	meça, etc
valer (to be worth)	valho	valha, etc
pedir (to ask for)	peço	peça, etc
ouvir (to hear, listen)	ouço	ouça, etc

SPELLING-CHANGE VERBS

The term 'orthographical-changing' is used to describe verbs in which the last consonant of the stem is modified or changed in certain persons and tenses in order to preserve the sound of the infinitive. The most common examples are as follows:

-car→ -qu before **e** or **i**
brincar (to play) brinquei (I played)

-çar→ -c before **e** or **i**
começar (to begin) comecei (I began)

-cer→ -ç before **a**, **o**, or **u**
conhecer (to know) conheço (I know)

-gar→ -gu before **e** or **i**
chegar (to arrive)→ chegue (I arrived)

-ger, -gir→ **j** before **a**, **o**, or **u**
fugir (to flee) fujo (I flee)

-guer, -guir→ **g** before **a**, **o**, or **u**
perseguir (to pursue) persigo (I pursue)

TABLE OF IRREGULAR VERBS

In order to make it easier for the student to learn these verbs, we are giving them in order of similarity, where applicable. Only the 1st person singular is given in those tenses (imperfect, future, etc) where the endings are the same as for the regular tenses.

dar	estar	ser	ir
to give	to be	to be	to go

Present tense

dou	estou	sou	vou
dás	estás	és	vais
dá	está	é	vai
damos	estamos	somos	vamos
dão	estão	são	vão

Past definite

dei	estive	fui	fui
deste	estiveste	foste	foste
deu	esteve	foi	foi
demos	estivemos	fomos	fomos
deram	estiveram	foram	foram

Imperfect

dava	estava	era	ia

Future

darei	estarei	serei	irei

Conditional

daria	estaria	seria	iria

Present subjective

dê	esteja	seja	vá
dês	estejas	sejas	vás
dê	esteja	seja	vá
dêmos	estejamos	sejamos	vamos
dêem	estejam	sejam	vão

Imperfect subjunctive

desse	estivesse	fosse	fosse

Future subjunctive

der	estiver	for	for

Personal infinitive

dar	estar	ser	ir
dares	estares	seres	ires
dar	estar	ser	ir
darmos	estarmos	sermos	irmos
darem	estarem	serem	irem

Imperative

dá	está	sê	vai
dê	esteja	seja	vá
dêmos	estejamos	sejamos	vamos
(dai)	(estai)	(sede)	(ide)
dêem	estejam	sejam	vão

Past participle

dado	estado	sido	ido

Present participle

dando	estando	sendo	indo

ter	vir	ver	pôr
to have	to come	to see	to put

Present tense

tenho	venho	vejo	ponho
tens	vens	vês	pões
tem	vem	vê	põe
temos	vimos	vemos	pomos
têm	vêm	vêem	põem

Past definite

tive	vim	vi	pus
tiveste	vieste	viste	puseste
teve	veio	viu	pôs
tivemos	viemos	vimos	pusemos
tiveram	vieram	viram	puseram

Imperfect

tinha	vinha	via	punha

Future

terei	virei	verei	porei

Conditional

teria	viria	veria	poria

Present subjunctive

tenha	venha	veja	ponha

Imperfect subjunctive

tivesse	viesse	visse	pusesse

Future subjunctive

tiver	vier	vir	puser

Personal infinitive

ter	vir	ver	pôr

Imperative

tem	vem	vê	põe
tenha	venha	veja	ponha
tenhamos	venhamos	vejamos	ponhamos
tende	vinde	(vede)	(ponde)
tenham	venham	vejam	ponham

Past participle

tido	vindo	visto	posto

Present participle

tendo	vindo	vendo	pondo

trazer	dizer	fazer	saber	haver	poder

to bring	to say	to do, make	to know	to have	to be able to

Present tense

trago	digo	faço	sei	hei	posso
trazes	dizes	fazes	sabes	hás	podes
traz	diz	faz	sabe	há	pode
trazemos	dizemos	fazemos	sabemos	havemos	podemos
trazem	dizem	fazem	sabem	hão	podem

Past definite

trouxe	disse	fiz	soube	houve	pude
trouxeste	disseste	fizeste	soubeste	houveste	pudeste
trouxe	disse	fez	soube	houve	pôde
trouxemos	dissemos	fizemos	soubemos	houvemos	pudemos
trouxeram	disseram	fizeram	souberam	houveram	puderam

Imperfect

trazia	dizia	fazia	sabia	havia	podia

Future

trarei	direi	farei	(regular)	(regular)	(regular)
trarás	dirás	farás			
trará	dirá	fará			
traremos	diremos	faremos			
trarão	dirão	farão			

Conditional

traria	diria	faria	(regular)	(regular)	(regular)
trarias	dirias	farias			
traria	diria	faria			
traríamos	diríamos	faríamos			
trariam	diriam	fariam			

Present subjunctive

traga	diga	faça	saiba		possa
tragas	digas	faças	saibas		possas
traga	diga	faça	saiba	haja	possa
tragamos	digamos	façamos	saibamos		possamos
tragam	digam	façam	saibam		possam

Imperfect subjunctive
trouxesse dissesse fizesse soubesse houvesse pudesse

Future subjunctive
trouxer disser fizer souber houver puder

Personal infinitive
trazer dizer fazer saber haver poder

Past participle
trazido dito feito sabido havido podido

Present participle
trazendo dizendo fazendo sabendo havendo podendo

Imperative

traz (e)	**diz (e)**	**faz (e)**	**sabe**		**pode**
traga	**diga**	**faça**	**saiba**	**haja**	**possa**
tragamos	**digamos**	**façamos**	**saibamos**		**possamos**
(trazei)	**(dizei)**	**(fazei)**	**(sabei)**		**(podei)**
tragam	**digam**	**façam**	**saibam**		**possam**

ler	**crer**	**querer**	**rir***	**caber**
to read	to think, believe	to want	to laugh	to fit in, be contained

Present tense

leio	**creio**	**quero**	**rio**	**caibo**
lês	**crês**	**queres**	**ris**	(otherwise
lê	**crê**	**quer(e)**	**ri**	conjugated
lemos	**cremos**	**queremos**	**rimos**	like **saber** in
lêem	**crêem**	**querem**	**riem**	all tenses)

Past definite

li	**cri**	**quis**	**ri**
leste	**creste**	**quiseste**	**riste**
leu	**creu**	**quis**	**riu**
lemos	**cremos**	**quisemos**	**rimos**
leram	**creram**	**quiseram**	**riram**

Imperfect

| lia | cria | queria | ria |

Future

| lerei | crerei | quererei | rirei |

Conditional

| leria | creria | quereria | riria |

Present subjunctive

| leia | creia | queira | ria |

Imperfect subjunctive

| lesse | cresse | quisesse | risse |

Future subjunctive

| ler | crer | quiser | rir |

Personal infinitive

| ler | crer | querer | rir |

Past participle

| lido | crido | querido | rido |

Present participle

| lendo | crendo | querendo | rindo |

Imperative

lê	crê	quer(e)	ri
leia	creia	queira	ria
leiamos	creiamos	queiramos	riamos
(lede)	crede	querei	ride
leiam	creiam	queiram	riam

* **sorrir** to smile, is conjugated like **rir**.

SOME REMARKS

1 The SIMPLE PLUPERFECT may be encountered in writing but is seldom used in speech, when the compound pluperfect (**tinha falado**) is preferred. In regular verbs you add -**ra** to the stem of the infinitive: e.g. **falara, comera, partira**.

In irregular verbs the termination you add to the stem of the past definite is the same as for the imperfect and future of the subjunctive mood: e.g. **dissera, fizera, fora, dera, trouxera, vira, tivera**.

2 The subjunctive mood also has its own compound tenses: the perfect, **tenha falado**, the pluperfect, **tivesse falado**, and the compound future, **tiver falado**.

3 **Haver** is an auxiliary verb which sometimes replaces the verb **ter** in compound tenses, especially in literary works. It is then fully conjugated as shown above.

Haver as an impersonal verb only uses the 3rd person singular in all tenses, i.e. **há**, which means 'there is'/'there are', etc.

SOME VERBS WHICH REQUIRE A PREPOSITION BEFORE THE INFINITIVE OF ANOTHER VERB

acabar de to finish (doing something)	**Acabo de comer.** I have just (finished) eaten.
acabar por to end up (doing ...)	**Ele acabou por consentir.**
aconselhar a to advise	**Aconselho-o a ver o médico.**
ajudar a to help	**Ela ajuda-me a lavar a louça.**
começar a to begin	**Ele começou a falar.**
começar por to begin by ...	**Ele começou por dizer.**
esquecer-se de to forget	**Esqueci-me de te dizer que ...**
lembrar-se de to remember	**Não me lembro do seu nome.**
gostar de to like	**Gosto de comer.** (preposition also needed before a noun)
obrigar a to force, compel	**Obriguei-a a dizer a verdade.**
precisar de to need	**Preciso de falar com ele.** (also needed before a noun)
voltar a (to do it) again	**Voltei a vê-lo.**
voltar para to return to (do something)	**Voltei para te ver.**
pensar em to think of	**Pensei em falar contigo.**
pedir para to ask (to)	**Pedi-lhe para fazer isso.**

SOME VERBS FOLLOWED BY A PREPOSITION

assistir a to attend	**Assisti a uma tourada.**
aproximar-se de to go near	**Aproximei-me dele.**
casar-se com to get married	**Ela casou-se com um inglês.**
chegar a to arrive at	**Cheguei à conclusão. Cheguei a Faro.**
dar com to come across, to bump into	**Dei com a Manuela no armazém.**
dar por to notice	**Não dei por ela.**
dar para to overlook	**O meu quarto dá para o jardim.**
dar para to be enough for	**Esta carne dá para cinco pessoas.**
acreditar em to believe	**Acredito em ti.**

duvidar de to doubt	**Duvido da sua palavra.**
encontrar-se com to meet (by arrangement, mostly)	**Vou-me encontrar com eles.**
ir a, ir para to go to (**ir a** implies a shorter stay than **ir para**)	**Vou a Paris em negócios.**
olhar para to look at	**Ele olhou para mim.**
parecer-se com to look like, resemble	**Ela parece-se com o pai.**
pegar em to pick up (In Brazil: **pegar** without preposition)	**Ele pegou na mala.**
queixar-se de to complain about	**Eu queixei-me da comida.**
reparar em to notice	**Reparei no teu vestido.**
sonhar com to dream of	**Sonhei contigo.**
sorrir para to smile at	**Ela sorriu para a menina.**
vir a, vir para to come (**vir a** implies a shorter stay than **vir para**)	**Ele veio a Londres.**

Key to exercises

Exercise 1: 1 A rapariga. 2 O rapaz. 3 O escritório.
4 A casa. 5 As flores. 6 Os empregos. 7 Os gatos. 8 As
alunas. 9 A mesa. 10 As mesas.

Exercise 2: 1 Uma viagem. 2 Um escritório. 3 Um avião.
4 Uma cidade. 5 Um bilhete. 6 Uns homens. 7 Umas
mulheres. 8 Umas viagens. 9 Uns escritórios. 10 Umas
raparigas.

Exercise 3: 1 I have. 2 Have you (Do you have)? 3 We
don't have. 4 You have (pl.). 5 Has she? 6 You do not have
(pl. formal). 7 Haven't they? 8 (Eu) Não tenho dinheiro.
9 A senhora tem um bilhete? 10 Eles têm bons empregos.
11 Vocês têm uma casa? 12 Tu tens um escritório. 13 (Nós)
Temos fome. 14 Não há uma mesa. 15 Há quanto tempo
fala inglês?

Practice exercise 1 1 Não. A senhora Smith é inglesa.
2 Ela agora mora em Lisboa. 3 Sim, tem um bom emprego.
4 Não, como auditora de uma grande companhia. 5 Ela tem
um escritório no Estoril. 6 O marido dela é professor de
inglês. 7 Não. A Maria Helena é do Algarve. 8 Ela é médica.
9 Não. Lisboa é a capital de Portugal. 10 Sim, Lisboa é uma
cidade linda.

WEEK 2

Exercise 4: 1 Sou inglesa. 2 O senhor é o gerente deste
hotel? 3 Ele é aborrecido. 4 Ela é uma secretária. 5 Isto é
muito importante. 6 Nós somos amigas. 7 Eles são velhos.
8 São estas as malas? 9 These suitcases are not mine.
10 This is impossible. 11 I am not a secretary, I am a
teacher. 12 We are friends. 13 Are you (pl. informal)
married? 14 They are tourists.

Exercise 5: 1 Estou em Londres. 2 Tu estás cansada? 3 Ela
não está em casa. 4 Estamos a trabalhar todos os dias.
5 Eles estão enganados. 6 O combóio (in Brazil: trem) está

atrasado. 7 Estou aborrecida. 8 I am eating. 9 Are you at home today? 10 We are not mistaken. 11 You (sing. formal) are hungry. 12 They are looking beautiful. 13 The girls are ready. 14 Today, I am not in the office.

Exercise 6: 1 O livro está na mesa. 2 A mulher esta à porta. 3 Ela vai pelo parque. 4 O escritório do tio Tomás. 5 Estou ao telefone. 6 A água está no copo. 7 Estou aqui em férias. 8 We are going to the market. 9 I am going home. 10 She is in the bathroom. 11 In a situation like this (one). 12 He came in through the window. 13 I am speaking of the accident. 14 He gave the money to the boy.

WEEK 3

Exercise 7: 1 We are looking for a house. 2 They don't speak Portuguese very well, but they understand everything. 3 She never accepts my invitation. 4 What (will) you take? 5 She opens the window. (She is opening the window.) 6 I study every day. 7 You (pl. informal) don't eat much. 8 I am leaving at 9 o'clock. 9 You work very much (a lot). 10 Do you buy (are you buying) the tickets?

Exercise 8: 1 Meu irmão procura um emprego em Moçambique. 2 Ele aprende português. 3 Precisa de ajuda? 4 Aceito o seu convite com prazer. 5 Bebem e fumam demasiado. 6 O comboio parte à tabela. (in Brazil: O trem parte no horário certo.) 7 Ele vende o carro. 8 Hoje não compro nada. 9 Minha irmã não come à uma hora. 10 Ela está de dieta.

Exercise 9: 1 Which is the nearest station from here? 2 What is your address? 3 She never does what I want. 4 Why don't you go by car? 5 I believe it is very far. 6 How is business going? 7 I do not know whom I should pay. 8 Onde vai? 9 Quanto devo? 10 Não me disse o seu nome. 11 Que disse você? 12 Quem é aquele homen lindo? 13 Quando vai a França? 14 As chaves que ela me deu não são minhas.

Exercise 10: 1 That shop on the corner. 2 We are going to that beach. 3 What is this? 4 This is a computer. 5 Please shut that door. 6 This is my husband and that is my son. 7 These keys are not mine. 8 Esta casa é grande. 9 O que é isso? 10 Não quero aqueles livros. 11 Isto é impossível. 12 Ele está naquele hotel. 13 Esta mala é daquele homen. 14 Os bilhetes estão nesta mala de senhora.

Practise exercise 3: dizia-me; há; perto; dois minutos daqui; por aqui; a direito; passar; vê logo; ir ao; fica; um pouco; melhor; apanhar; está ali; esquerda; virar; esquina; sabem; está; Claro; conhecem; a palma da mão.

WEEK 4

Exercise 11: 1 I like your home/house very much. 2 This is your glass and that one (over there) is his. 3 Your daughter is very nice/charming. 4 Our holidays begin in June. 5 My wife always arrives late. 6 Go and wash your hands. 7 We are going to their house. 8 São estas as suas malas? 9 O meu telefone está sempre avariado. 10 Isto não é meu. 11 Não sei o nome deles. 12 A vossa casa é muito longe. 13 A nossa filha chega amanhã. 14 O amigo dele é americano.

Exercise 12: 1 I finish work/(working) at six o'clock. 2 We are going to spend a fortnight on the beach. 3 She has four brothers (also meaning brothers and sisters). 4 The book costs 6 euros. 5 This lift only takes five people. 6 I go to Paris every four weeks. 7 My birthday is on the 20th September. 8 Ele começa o trabalho às oito horas. 9 Ela tem dois rapazes e três raparigas. 10 Eu escrevo à minha mãe de cinco em cinco dias. 11 Ele parte a vinte de maio (or Ele parte no dia vinte de maio). 12 Ele não trabalha há dez dias. 13 Tenho trinta e cinco anos. 14 São seis menos um quarto.

Exercise 13: 1 Next week I am going (I go) to my aunt's (house). 2 Last month my brother went to work in Brazil. 3 My children (sons) will arrive in a fortnight (in 15 days' time). 4 Tonight we are going to the theatre. 5 Spring is my favourite season. 6 Yesterday it was very cold. 7 The day after tomorrow we shall have the results of our examinations. 8 Vou passar o Natal com os meus amigos em Lisboa. 9 Este ano não tenho férias. 10 Ela vai passar o verão no Algarve. 11 Ontem esteve (fez) calor. 12 Faço anos no domingo. 13 Amanhã de manhã começo o trabalho (começo a trabalhar). 14 Julho, Agosto e Setembro são meses muito quentes em Portugal.

WEEK 5

Exercise 14: 1 Hoje o tempo está mau. 2 Ela é uma boa secretária. 3 Não sei onde está o meu mapa francês. 4 Minha irmã é mais velha do que eu. 5 A minha amiga é espanhola, mas o marido dela é inglês. 6 É uma boa coisa que você faz. 7 Há muitas pessoas simpáticas neste mundo (or Há muita gente simpática neste mundo). 8 O meu colega está muito contente no Brasil. 9 É uma instituição europeia. 10 A mãe da minha amiga e (uma) poetisa. 11 Tenho um grande carro verde. 12 Meu primo é um bom escritor e a mulher dele é também uma boa escritora. 13 O António é um jornalista português. 14 Esta galinha está crua.

Exercise 15: 1 Duas salas. 2 Meus irmãos. 3 As flores são lindas. 4 Estes problemas são difíceis. 5 No verão há muita gente nas praias. 6 Três estudantes ingleses. 7 Quatro lençóis. 8 Os meus amigos são muito amáveis. 9 Não conheço estes homens. 10 As crianças alemãs não gostam de cães. 11 Compro cinco pães todos os dias. 12 Ela gosta de todos os animais. 13 A minha irmã tem olhos azuis. 14 Tenho as mãos sujas. 15 Estes limões são bons. 16 Meus pais estão sempre tão felizes / contentes.

Exercise 16: 1 Yesterday I received a letter from my friend. 2 We liked your home very much. 3 Last week we visited a very modern school. 4 They have left for Brazil. 5 Have you sold your house yet (already)? 6 No, we haven't sold our house yet. 7 They haven't written yet. 8 Não compreendi. 9 O que beberam eles? 10 Já comi.

11 Quando partiram eles? 12 A que horas partiu o
comboio? 13 Não abrimos a janela. 14 Ele não comeu
ontem à noite. 15 Você falou com a sua mãe? 16 Conheci
o seu irmão em Lisboa.

Exercise 17: 1 Come here. 2 Speak slowly. 3 Don't make a
noise. 4 Go that way. 5 Don't be silly. 6 Be still. 7 Bring
the wine list. 8 Fale devagar. 9 Abramos a janela.
10 Fechem a porta. 11 Não comam tão depressa.
12 Vejamos ... 13 Venham já. 14 Vamos! 15 Não falem tão
alto. 16 Não diga nada.

WEEK 6

Exercise 18: 1 When I was a child I learnt everything more
easily. (... it was easier to learn.) 2 I used to eat a lot,
(Before, I ate a lot,) but not now. 3 We used to go to the
beach every day. 4 Yesterday we went to the country.
5 It was underneath this tree that I used to sit. 6 What were
you doing? 7 I was taking a bath. 8 A que horas tomou o
seu pequeno-almoço? 9 Dizia-me por favor onde é (fica) a
paragem do autocarro (in Brazil. a parada do ônibus?)
10 Soube que o seu irmão ía para a Africa, é verdade?
11 Chovia a cântaros quando saímos. 12 Ele ouvia
enquanto eu falava. 13 Já comia. 14 Ontem (à noite)
jantei com a minha sogra.

Exercise 19: 1 The plane took six hours to arrive there.
2 Today, I do not want to play with the children; I prefer
to play chess. 3 He comes here many times. 4 She went to
New York and from there she went to Mexico. 5 Doctor,
how many tablets do I have to take? 6 I had to take out
(draw) money from my deposit account. 7 Como está o
tempo aí? 8 As suas luvas estão aí. 9 A paragem do
autocarro (in Brazil: A parada do ônibus) fica (está) ali.
10 Cá estou (Aqui estou). 11 Vejo um barco acolá.
12 As suas chaves estão aqui.

Exercise 20: 1 Give him/her my regards. 2 She rang me
up last night. 3 She/he saw him last week. 4 I don't know

them well. 5 They visit us every year. 6 We want to see him. 7 I am going to help you/her. 8 You (pl.) help him very much. 9 He does not want the apples but I am going to give them to him. 10 You live near me. 11 I don't eat (I shan't eat, I am not eating) without you. 12 Come with me now to have a coffee and then (afterwards) I'll come with you to the hairdresser. 13 The dogs are with us, but the cats are with them (f.). 14 Who told you that? (Who told it to you?)

Exercise 21: 1 Mostre-nos o que encontrou (achou). 2 Vá procurá-la. (in Brazil: Vá buscar a ela.) 3 Estas flores são para mim? 4 Antes que me esqueça tenho de lhes dizer … 5 Ele esperou por nós. 6 Venha comigo. 7 Não há segredos entre nós. 8 Conto contigo. 9 Ele não mo emprestou. 10 Eles ajudam-no. 11 Minha mãe não me telefonou. 12 Não preciso dele. 13 Chamei-o mas ele não me ouviu. 14 Vi-os a semana passada. 15 Ele vai vê-la.

WEEK 7

Exercise 22: 1 Do you want (to take/to have) tea or coffee? 2 I want neither tea nor coffee – I prefer an orange juice. 3 I either go to the cinema or stay at home watching television, I am not sure yet. 4 I have never seen an exhibition so well organized. 5 He has no scruples at all. 6 I shall never again buy electrical items (appliances) second hand. 7 You have nothing to do with it. (also It is none of your business.) 8 No-one speaks English here. 9 I don't know anything. 10 We did not go anywhere.

Exercise 23: 1 Já comeste a bacalhau à Gomes Sá? 2 Ninguém me disse isso. 3 Já que estou aqui, enviou este e-mail também. 4 Nunca o vimos. 5 Não tenho nenhuma. 6 Ainda não vi esse filme. 7 Ela já não goste dele. 8 Ele já traz a ficha. 9 Já que ela pediu desculpa, considero o assunto fechado/ o assunto está fechado/ o assunto acabou. 10 Elas nunca foram a lado nenhum.

Exercise 24: 1 Alguém aqui fala inglês? 2 O senhor pediu-me

uma colher ou uma faca? 3 Nem uma nem outra, pedi-lhe
um garfo. 4 Ele tem algumas esperanças. 5 Cada qual tem o
seu gosto. 6 Está tudo caríssimo. 7 Tem quaisquer revistas
inglesas? 8 São ambos escritores. 9 O jantar estava péssimo.
10 A minha tia está muito mal. 11 Ele é o homem mais rico
do mundo. 12 Tenho boas noticias para si. 13 Ela está tão
feliz como eu. 14 Camões foi o maior poeta português.

Exercise 25: 1 Quando lhe escreverá? (also Quando lhe vai
escrever?) 2 Ele tem de trabalhar muito. 3 Não o
tomaremos. 4 Começarei a minha história. 5 Quem
ganhará? 6 Chegaremos no próximo mês. 7 Seria a
verdade? 8 I should say he is lying. 9 I shall not forget you.
10 I would do everything for her. 11 They will give
him/her/you my new address. 12 I will go to Japan.
13 I have to go to the dentist. 14 Will it be very expensive?

WEEK 8

Exercise 26: 1 She had already studied Portuguese
when she was a child. 2 This year there have been many
plane accidents. 3 The woman was already dead when
the doctor arrived. 4 The tables were already laid but
the guests had not arrived yet. 5 I had never seen so
many people in my life. 6 She was expelled from the
school. 7 It is said (They say) that the firm (Messrs) Agiota
& Co. is going bankrupt. 8 One must not deceive (cheat,
mislead) others. 9 They had not washed themselves
yet. (They had not had a wash.) 10 The weather has
been bad.

Exercise 27: 1 They felt (were) disappointed. 2 I got up
very early. 3 He never remembers my birthday. 4 She got
dressed in a hurry. 5 He smells awful because he never
washes himself. (… he never has a wash.) 6 How do you
say 'table' in Portuguese? 7 They looked at each other.
8 Help yourself while the food is hot. 9 We don't know
each other. 10 I com-plained to the police. 11 Go away.
12 It is sunny. 13 I forgot him. (about him.) 14 English
newspapers are sold here.

Exercise 28: 1 Lembro-me dele. 2 Não me sentia bem.
3 Queixámo-nos da comida. 4 Tem chovido muito este ano.
5 Já tinha posto a carta no correio. 6 Bebe-se muito vinho
em Portugal mas os portugueses nunca se embriagam.
7 A janela estava aberta. 8 A lotaria foi ganha por uma
mulher pobre. 9 A minha saia estava rota. 10 Foram todos
presos. 11 Eles olharam-se um ao outro. 12 Não tenho
viajado este ano. 13 Ouve-se muita música inglesa em
Portugal. 14 Não quero servir-me. 15 Vimo-nos por acaso.
16 Aqui vendem-se jornais.

WEEK 9

Exercise 29: 1 It is necessary for them to study hard. (They
must study hard.) 2 It is hoped they do not come in late.
3 Perhaps (Maybe) I will go out tomorrow. 4 I want you to
do that at once. 5 Tell him not to come in until I call him.
6 I hope your wife is better. 7 I don't think he is a good
football player. 8 We want a man who has the courage of
his convictions. 9 Whether I like it or not I have to attend
the meeting tomorrow. 10 Diga-lhe que não vá à reunião.
11 Embora eu não fale português muito bem, compreendo
tudo. 12 Quer que lhe traga a lista dos vinhos? 13 É
melhor que eu vá agora. 14 Não creio que haja jornais hoje.
15 Eles têm pena (Lamentam) que não possa vir esta noite.
16 Por favor não faça nenhum barulho.

Exercise 30: 1 It was a pity (a shame) he could not come.
2 I wanted you (pl.) to learn Portuguese as quickly as possible. 3 I did not see any house that pleased me. (...that I
liked.) 4 Perhaps he had already left. 5 If it were not so
expensive, we would buy a farm in the Algarve. 6 We did
not want you (pl.) to bring presents. 7 1 don't know
whether it is raining. 8 If it rains I shall take an umbrella.
9 Until the factory workers go back to (resume) work, we
cannot increase production. 10 Come to our house
whenever you want. 11 As soon as you get a job in
Mozambique, let me know (tell me). 12 Do what you can.
13 Invite (pl.) whom you wish. 14 He who (Whoever)
wants to come along with me, let him come.

Exercise 31: 1 Assim que puderes, telefona-me por favor. 2 Se ele não fosse tão preguiçoso (mandrião), não teria perdido esse emprego. 3 Foi preciso que eles chamassem a polícia. (also. Foi preciso chamarem a polícia.) 4 Disse-lhes para se irem embora. (also: Disse-lhes que se fossem embora.) 5 Diga o que disser, eu não acredito que ela seja desonesta. 6 Quando me reformar escreverei muitos livros. 7 Faça como quiser. (also: Faça o que quiser.) 8 Aconteça o que acontecer, e apesar do tempo (clima) sempre amarei a Inglaterra. 9 Não havia ninguém que falasse inglês. 10 Enquanto estiverem em minha casa, são meus convidados. 11 Lamentei que não pudessem vir. (also: Lamentei não poderem vir.) 12 Se você perdeu esta oportunidade foi porque quis. 13 Embora protestassem (also: Tivessem protestado) muitas vezes a situação continuou a ser a mesma. 14 Talvez ela tenha dito a verdade.

Note: The alternatives given above demonstrate the use of the personal infinitive explained in week 10.

WEEK 10

Exercise 32: 1 This book is for us to read. 2 I don't want to buy the car unless you agree (without your agreeing). 3 It is a shame (a pity) you cannot come next Sunday. 4 It was good (a good thing) that you brought your coats, because it is going to be cold. 5 I fear they are cross with me. 6 They did not come because they were tired. 7 It was impossible for us to go to the bullfight. 8 You, winning the world cup? (doubt and mild derision implied) 9 Eles vão partir antes de chegarmos. 10 Foi impossível vermos o ministro. 11 Surpreende-me tu dizeres uma coisa dessas. (also: Surpreende-me que tu digas uma ...) 12 Disse-lhes adeus antes de partirem. (also: ... antes de eles partirem.) 13 Não posso dar uma opinião até sabermos tudo. (also ... até que saibamos tudo. or: enquanto não soubermos tudo.) 14 Não tivemos almoço (Não almoçámos) por não termos tempo. (also ... porque não tivemos tempo.)

Exercise 33: 1 I have no time to write letters. 2 Mrs Amelia is going to the doctor on Wednesday. 3 My sister is going into hospital on Tuesday for an operation on her throat. 4 I am telling you this for your own good. 5 I haven't hurt you on purpose. (It was inadvertently that I hurt you.) 6 Last month I went to Paris to visit my aunt. 7 Thank you for your kindness. 8 If it is left to me, (Myself/ As far as I am concerned/ Personally,) I don't mind. 9 Não tenho nenhumas notícias (novidades) para ti. 10 Ele lutou pelos direitos do ser humano. 11 Ele foi a Londres em negócios. 12 O senhor vai para casa agora? 13 António foi trabalhar para a África. 14 Peço desculpa (Desculpe-me) por chegar atrasada/o. 15 Vou para a cama.

Practise exercise 10: sinto-me; escrito; foi; parece; conspirado; tenha; tido; começaram; era; vai; estão; está; sei; chovido; sofreram; deve; causado; lembro; comi; chovido; Estou; pudéssemos; estaríamos; ficariam; Agradeço; irmos; são; creio; vai; aceitámos; fez; passarmos; assistirmos; queremos; possa; forem; podermos; haja; mataria; diga-; conseguirei; dão; prometendo; recordo.

Mini-dictionary

Although the following is not an exhaustive list of words found in the book, it will be helpful as a quick reference. Numbers against some entries indicate sections where irregular verbs and other important words are explained. See sections 16, 16A, 18, 19, 20 for days of the week, seasons, numerals, etc.

a, an um, uma
able capaz;
  to be able poder
abolish abolir
about acerca de
  to be about to estar para
above acima (de)
abroad estrangeiro, no estrangeiro
accept aceitar
accident acidente
address morada, endereço,
  direcção
  to address (someone) dirigir-se a
admire admirar; **to be admired**
  admirado/a
advertise pôr um anúncio
advertisement anúncio
after depois de
afternoon tarde
against contra
age idade
agree concordar, estar de acordo
all todo/a/s
alone só, sozinho
allow permitir, deixar
almost quase
already já
also também
always sempre
American americano/a
among entre
and e
angry zangado/a
  to be angry/cross
  zangar-se com
animal animal
announce anunciar

announcement anúncio
any nenhum/a/s, qualquer,
  quaisquer
anybody ninguém, qualquer
  pessoa
anything nada, qualquer coisa
appear aparecer
apple maçã
arrival chegada
arrive chegar
as como, tão
as much/as many tanto/a/s
as soon as assim que
as soon as possible tão depressa
  quanto possível
ask (to enquire) perguntar
ask for pedir
assist ajudar
at (section 10)
at least pelo menos
at once já, imediatamente
attend assistir a
aunt tia
awful terrível, péssimo
bad mau, má
badly mal
bank banco
banker banqueiro
bankruptcy falência
  to go bankrupt falir
bath banho
bathtub banheira
bathroom casa sala/quarto de
  banho, banheiro (Br.)
be ser, estar (section 8)
beach praia
bear urso

bear (v.) aguentar, suportar
beautiful lindo/linda, belo/bela
bed cama, leito
bedroom quarto (de dormir)
beer cerveja
before antes de, perante
begin começar, principiar
behind atrás de
believe crer em, acreditar em
beside ao lado de
besides além de
better melhor
between entre
big grande
bill conta
birthday aniversário
  to have a birthday fazer anos
black preto, negro
blue azul
boat barco
book livro
book (v.) marcar, reservar
boring/bored aborrecido
borrow pedir emprestado
both ambos/as
  both he and I tanto eu como ele
bottle garrafa
box caixa, caixote
boy rapaz
bread pão
break (v.) quebrar, partir
breakdown (car) avaria;
  nervous b. esgotamento nervoso
breakfast pequeno-almoço,
  café da manhã (Br.)
bring trazer
brother irmão
brother-in-law cunhado
brown castanho, marron (Br.)
brush (n.) escova, pincel
bull touro, toiro
bullfight tourada
bus autocarro, ônibus (Br.),
  machibomba (Mozambique)
business negócio, negócios
but mas

buy comprar
by por, através

call (v) chamar;
  to be called chamar-se
can (= to be able) poder
car carro, automóvel
care cuidado
  careless descuidado
carry levar
cat gato/a
certainly certamente, claro,
  com certeza
chance oportunidade;
  by chance por acaso
change mudança; (v.) mudar,
  trocar
cheap barato
cheat (v.) enganar, fazer batota
cheese queijo
chicken galinha, frango
child/children criança/crianças
choice escolha
choose escolher
Christmas Natal
Christmas Eve Consoada
church igreja
cigarettes cigarros
cigars charutos
citizen cidadão
city cidade
clerk empregado
climb (v.) subir, trepar
clock relógio
coach camioneta, carruagem
coat casaco, paletó (Br.)
coffee café
cold frio
come vir
  come in entrar
  come back voltar
computer computador
complain queixar-se
complaint queixa
contents conteúdo
continue continuar

cost custo; (v.) custar
count (v.) contar
country país
  countryside campo
course curso
  of course com certeza
cousin primo/a
courage coragem
cover (v.) cobrir
cross cruz; (v.) atravessar
  to be cross estar zangado, zangar-se
cup chávena, xícara
customer freguês, cliente
customs costumes, alfândega
customs officer funcionário
  da alfândega

damage prejuízo, dano
dark escuro
darling querido/a
daughter filha
day dia
dead morto
dear caro/a
dentist dentista die morrer, falecer
diet dieta
difficult difícil
dinner jantar
  to dine jantar
dirty sujo
disappear desaparecer
dishonest desonesto/a
disappointed desanimado,
  desiludido, desapontado
do (v.) fazer
doctor doutor, médico
door porta
downstairs em baixo, lá/cá em
  baixo
dream sonho; (v.) sonhar
dress vestido
  to get dressed vestir-se
drink bebida; (v.) beber
drive conduzir, guiar
drought seca
drunk bêbado, embriagado

to get drunk embriagar-se
dye (v.) tingír

each cada
  each one cada cual
  each other um ao outro
ear orelha, ouvido
early cedo
easy fácil
  easily facilmente
eat comer
either ou
employment emprego
English inglês
enjoy divertir-se, gozar
enough bastante
enter entrar
equally igualmente
evening tarde, noite, tardinha
every cada
everyday todos os dias
everybody toda a gente,
  todo o mundo (Br.)
everything tudo
except excepto
exam exame
examine examinar
example exemplo
exercise exercício
exhibition exposição
expect esperar, contar com
expenses despesas
explain explicar
eye olho

fall (v.) cair
far longe, distante
farm quinta
fast depressa, adiantado
father pai;
  father-in-law sogro
fault culpa
favour favor
fear medo; (v.) ter medo, temer,
recear
feel (v.) sentir, sentir-se

fetch buscar, ir buscar
few alguns, poucos
fight (v.) lutar
fill encher
  fill in preencher
find achar
finish (v.) acabar, terminar
fire fogo, incêndio, lume
flat raso
  (apartment) andar
flight voo
floor chão, soalho; andar
flower flor
fog nevoeiro
follow seguir
foot pé; football futebol
for (sections 10, 48)
foreign estrangeiro
forget esquecer, esquecer-se de
fork garfo
fortnight quinzena, quinze dias
fortunately felizmente
freeze gelar, congelar
French francês
friend amigo/a
from de
fruit fruta
full cheio, pleno
furniture mobília
  pieces of furniture móveis

garden jardim
general geral;
  (army) general
gentleman cavalheiro, senhor
German alemão
get obter, arranjar
get up levantar-se
girl rapariga, moça
give dar
glass vidro, copo, taça
go ir, ir-se embora
go out sair
gold ouro/oiro
good bom/boa;
goodness bondade

good-bye adeus
goods mercadoria, géneros
grapes uvas
great grande
green verde
grey cinzento
grow crescer
guess (v.) advinhar
guests convidados

hair cabelo
half metade, meio
hand mâo
happen acontecer
happy feliz
hardly mal
hat chapéu
have ter (section 4)
hazard azar
head cabeça
health saúde
  healthy saudável
hear ouvir
heavy pesado
height altura
help ajuda, socorro; (v.) ajudar
  help yourself sirva-se
here aqui, cá
high alto
holidays férias
home casa, lar
hope esperança; (v.) esperar
horse cavalo
hot quente, calor
hotel hotel
hour hora
house casa
how como (section 13)
however contudo
hunger fome
hurry pressa
hurt (v.) magoar, ferir
husband marido, esposo

if se
ill doente

immediately imediatamente
important importante
impossible impossível
in em
increase aumento; (v.) aumentar
information informação
intend tencionar
introduce apresentar
invitation convite (m.)
invite convidar
Italian italiano

Japan Japão
  Japanese japonês/a
job emprego, trabalho
journey viagem
juice sumo, suco (Br.)

keep (v.) guardar, manter
key chave
kind amável;
  kindness amabilidade
king rei
  kingdom reinado
knife faca
know conhecer, saber
knowledge sabedoria,
  conhecimento

lady senhora
lamp candieiro, lâmpada
large grande
last último
late tarde, atrasado
laugh (v.) rir
  laughter riso
law lei, Direito
lawyer advogado
lazy mandrião, preguicoso
learn aprender
leave (v.) partir, sair
  (let go) deixar
lemon limão
lend emprestar
less menos
lesson lição

let (v.) alugar
  (allow) deixar
letter carta
lie mentira
  to tell a lie mentir
lie down deitar-se
lift elevador; (v.) levantar, elevar;
  (in car) boleia, carona (Br.)
light luz; (v.) acender;
  (colour) claro
like como, semelhante; (v.) gostar de
Lisbon Lisboa
listen ouvir, escutar
little pequeno, pouco
live (v.) viver
  to live at morar
loan empréstimo
London Londres
long longo, comprido
long for (v.) ter saudades de
longing saudade/s
look (v.) olhar
  look for procurar, buscar (Br.)
lose perder
loss prejuízo, perda
loud alto
love (v.) amar, gostar de
love (n.) amor
low baixo
luck sorte
  bad luck azar, má sorte
lunch almoço
luggage malas, bagagem
lukewarm morno

magazine revista
mail correio; (v.) pôr no correio
majority maioria, maioridade
make (v.) fazer
  made feito
man homem
mankind homem, os homens,
  o ser humano, humanidade
manager gerente
many muitos
market mercado, praça

married casado
  to get married casar-se
me/mine (section 28)
meat carne
meet encontrar, encontrar-se com
meeting encontro, reunião
memories memórias, recordações
message recado, mensagem
milk leite
mind cérebro, mente;
  (v.) importar-se
  miss (the train, etc) perder;
  miss (someone/thing) ter
  saudade(s) de
mistake erro
  to be mistaken estar enganado
  (section 8c)
money dinheiro
month mês
more mais
moreover além disso, tanto
  mais que
morning manhã
most mais, a maior parte de,
  máximo
mother mãe
mother-in-law sogra
move (v.) mover, transportar,
  mexer-se, comover;
  move house mudar-se
much muito
music música
must dever
my (section 28)

naked nú/a
name nome
near perto de
nearly quáse
necessary preciso, necessário
need (v.) precisar de
neighbour vizinho
neither nem
nephew sobrinho
never nunca, jamais
new novo

news notícias, novidades
newspapers jornais
next próximo, a seguir
nice simpático
niece sobrinha
night noite
no, not não
nobody ninguém
noise barulho
nor nem
nothing nada
notice aviso, comunicado; (v.) notar
now agora
number número

obey obedecer
of de
office escritório
officer funcionário;
  (police) polícia
often muitas vezes, frequentemente
on em
once uma vez;
  at once já, imediatamente
only só, somente, apenas
open (v.) abrir
operation operação
opinion opinião
opportunity oportunidade
or ou
orange laranja
order encomenda; (v.) encomendar,
  mandar, mandar vir
other outro/a;
  otherwise senão
ought dever
our, ours nosso (section 15)
out fora
owe dever

page página
painter pintor
paper papel
parcel embrulho, pacote
park parque
part parte

partner sócio, parceiro
pay (v.) pagar
pear pera
peas ervilhas
pen caneta
pencil lápis
people gente, pessoas
pepper pimenta
perhaps talvez
permit autorização, licença
person pessoa
photograph fotografia
pick up (v.) apanhar
picture quadro, gravura
pin alfinete
pink cor-de-rosa
pipe cano,
  (smoking) cachimbo
pity pena, lástima
plane avião
plate prato
play (v.) brincar, jogar, tocar
  (section 25)
pleasant agradável
please por favor, faz favor,
  faça o favor; (v.) agradar
pleasure prazer, gosto
pocket algibeira, bolso
police polícia
poor pobre
Portuguese português/a
possible possível
post correio;
  postman carteiro
pound (money) libra
poverty pobreza
prefer preferir
present presente
prevent evitar, impedir
price preço
print (v.) imprimir
promise prometer
proof prova
protest (v.) protestar
prove provar
pupil aluno, estudante

purchase compra, compras
purple roxo
put (v.) pôr
  put in meter

quarter quarto
queen rainha
question pergunta, questão
quickly depressa
quiet calado

rabbit coelho
race corrida
railways caminhos de ferro, carris
rain chuva; (v.) chover
rare raro
  (steak) mal passado
raw cru, verde
read ler
ready pronto
receive receber
recommend recomendar
red encarnado
refuse (v.) recusar, recusar-se
regards cumprimentos
remain ficar, continuar
remember lembrar-se de
repeat (v.) repetir
reply resposta; (v.) responder
resolve(v.) resolver, decidir-se a
respect (v.) respeitar
rest resto, descanso; (v.) descansar
result resultado
resume recomeçar, retomar
return (v.) voltar, regressar
retire reformar-se, aposentar-se;
  afastar-se
rich rico;
  richness riqueza
right (-hand) direito
  (correct) certo
  to be right ter razão
ring (v.) tocar, telefonar
river rio
room quarto, sala, casa
run (v.) correr

sad triste
safe (strongbox) cofre
  (to be) safe seguro, salvo, livre
salary ordenado, salário
salt sal
same mesmo
sample amostra
satisfy satisfazer
say dizer
scarcely apenas, mal
schedule (on) a tempo, à tabela
school escola
scruples escrúpulos
sea mar
season estação
seat lugar, assento
secret segredo
secretary secretária
see ver
seem parecer
send mandar, enviar
serious sério, grave
servant criada, empregada
several vários
shame vergonha
sheet lençol
ship barco, navio
shoe sapato
shop loja
short curto;
  in short em suma;
  shortly em breve
shortage falta
show espectáculo; (v.) mostrar
shut (v.) fechar, encerrar
silly tonto, parvo
silver prata
sing cantar
sir senhor
sister irmã
sit down sentar-se
sitting-room sala de estar/de visitas
situation situação
skirt saia
sleep (v.) dormir;
  to be sleepy ter sono

slow lento, devagar
slowly devagar, lentamente
small pequeno
smell cheiro, aroma
smile (v.) sorrir
smoke (v.) fumar
so assim, portanto; tão
some algum (section 30)
something alguma coisa
sometimes às vezes
son filho
  son-in-law genho
soon em breve
  as soon as assim que, logo que
sorry desculpe
  to be sorry ter pena, pedir
  desculpa
Spain Espanha
  Spanish espanhol/a
speak falar
spend gastar
spoon colher
stamp selo
start (v.) começar, principiar
station estação
stay (v.) ficar
still ainda
story história, conto
street rua
strength força
strike greve
strong forte
study estudo (v.) estudar
sugar açucar
suit fato, terno (Br.)
suitcase mala
sun/sunshine sol
supply (v.) fornecer
sure (to be) ter a certeza
swim (v.) nadar
swimming-pool piscina

table mesa
take tomar, levar, tirar
tall alto
tea chá

teach ensinar
teacher professor/a
tell dizer, contar
telephone telefone
  t. call telefonema, chamada
television televisão
than que, do que
thank (v.) agradecer;
  thank you obrigado/a
that (sections 13, 14)
the (section 2)
theatre teatro
then então
there ali, acolá, lá, aí
there is/are há
therefore portanto
these, this, those
  (section 14)
thing coisa
think pensar, crer, achar
thirst sede
throat garganta
throw (v.) atirar
thunder trovoada
thus assim
ticket bilhete
time tempo, vez, vagar
tired cansado
to a, para
today hoje
together juntos/as
too também
too much demasiado, de mais
tool ferramenta
touch (v.) tocar, apalpar,
  mexer em
town cidade
train comboio, trem (Br.)
travel (v.) viajar
traveller viajante
trip volta, giro, pequena excursão,
  viagem; (v.) tropeçar
true verdade, verdadeiro
truth verdade
try tentar, provar, experimentar
turn (v.) voltar, virar

ugly feio
umbrella guarda-chuva,
  sombrinha, pára-sol
uncle tio
understand perceber,
compreender, entender
understanding compreensão,
  entendimento
underneath debaixo de, sob,
  debaixo
unfortunately infelizmente
until até
upstairs em cima, lá em cima
useful útil

very muito
village aldeia, povoação
visit visita; (v.) visitar
visa visto
voyage viagem

wait (v.) esperar
waiting espera, à espera,
  esperando
waiter criado (de mesa)
walk (v.) andar a pé,
  caminhar,
  passear; (n) passeio
want (v.) querer, desejar
warm quente, calor
wash (v.) lavar,
  (oneself) lavar-se
watch relógio; (v.) vigiar
water água
way caminho
we/us etc (sections 8c, 28)
weak fraco
weather tempo
week semana
well (adv.) bem; (n.) poço
what/when/where/which
  (section 13)
whether se
white branco;
  whitewash cal
who/whose/whom (section 13)

whole todo, inteiro
why porque, porquê
wife esposa, mulher
win (v.) ganhar
wind vento
  windy ventoso
window janela
wine vinho
winter inverno
wish desejo; (v.) desejar
with com
without sem
woman mulher
word palavra
work trabalho; (v.) trabalhar
workman operário, trabalhador
world mundo
worried preocupado, apoquentado, inquietado, aflito

worry (v.) preocupar-se, apoquentar-se
worse pior
worth valor
  to be worth ter o valor de, ser digno de
wound ferida; (v.) ferir
write escrever
writer escritor/a
written escrito

year ano
yearly anual, por ano, anualmente
yellow amarelo
yes sim
yesterday ontem
yet ainda, no entanto, contudo
you/yours etc (sections 7, 15)
young jovem
youth juventude

Index

The numbers refer to section headings, not pages.